가락재에서 길어 올린 묵상

말씀 단상

가락재에서 길어 올린 묵상

말씀 단상

2021년 8월 20일 초판 1쇄 펴냄

지은이 정광일
편집 김수진
펴낸이 신길순

펴낸곳 (주)도서출판 삼인
전화 02-322-1845
팩스 02-322-1846
이메일 saminbooks@naver.com
등록 1996년 9월 16일 제25100-2012-000046호
주소 (03716) 서울시 서대문구 성산로 312 북산빌딩 1층

표지 디자인 정나은
본문 디자인 끄레디자인
인쇄 수이북스
제책 은정

ISBN 978-89-6436-206-8 03230

값 15,000원

가락재에서 길어 올린 묵상

말씀 단상

정광일

삼인

어릴 때 어른들이 부르는 찬송가를 무턱대고 따라하던 일이 떠오릅니다. 가사의 내용보다 곡조가 먼저 다가오는 것이 노래이기에 그러했지요. 그 가운데 생각나는 것이 있습니다. "나의 사랑하는 책 비록 해어졌으나 어머님의 무릎 위에 앉아서~"(199) 저는 '낡아서 해어졌다'는 말을 그냥 '헤어졌다'로 이해하며 불렀습니다. 좀 이상하다고는 생각했으나 그냥 넘어갔지요. 또 기억나는 찬송이 있습니다. "살 같이 빠른 광음을 주 위해 아끼세"(450장)입니다. 세월이 화살같이 빠르게 지난다는 말이었지요. 뜻도 모르고 열심히 따라 불렀던 그 말을 이제 실감하는 나이가 되었습니다. 하루하루는 천천히 가는데 한 달, 한 해는 어쩌면 그리 빠른지요.

얼마 전 고희古稀를 지내며 아이들에게 축하 대접을 받았습니다. 삼십 년 전 여기 위곡리로 삼십대 중반의 아내와 아홉 살, 여섯 살, 세 살짜리 아이들을 데리고 들어왔습니다. 그때 당찬 삼십대 말 젊은이의 시선은 당연히 미래를 향하고 있었습니다. 그 시절 꿈꾸던 미래는 현재로, 또 과거로 바뀌어갔습니다. 지나간 세월을 돌아보면 제가 원한 것은 지위나 성공이나 부나 명예는 아니었습니다. 인생을 한껏 즐겨보자는 것도, 거창한 의미를 찾으려던 것도 아니었습니다. 지금껏 제 삶의 궤적을 그려온 그때그때의 결정은 '어떤 경험'을 하고 싶은 마음이었습니다. 인천에서 태어나 마산을 거쳐 통영, 그리고 서울에서도 문래동, 신촌, 장충동, 충정로, 행촌동, 돈암동, 후암동, 이촌동에서 살았습니다. 약혼은 부산, 결혼은 서울, 그리고 프랑스 유학생활, 세계 여러 나라도 다녀보았습니다. 그리고는 여기 가평군 설악면 위곡리 산골로 들어왔지요. 경운기를 끌어보고, 다랑이논과 텃밭을 쟁기로 갈아보고, 집도 지어보고, 닭이며 염소며 토끼도 키워보고, 목회도 해보고, 글도 써보고, 이 학교 저 학교 강의도 해보았습니다. 그동안 이리저리 들고 다녀 '해어진 책들'을 버리면서 어느새

저도, 인생이란 이렇게 '화살같이 빠른 세월'이라 맞장구치며 흥얼댑니다.

이 책은 가락재에 지어진 집들 사이를 거닐며 자연스레 스며든 느낌을 사진과 글로 옮겨본 것입니다. 또한 설교를 준비하며 본문을 묵상하다가 떠오른 단상이기도 합니다. 가락재의 영성을 '쉼, 숨, 섬'으로 해석해왔는데, 이 내용을 '말씀 단상'이라는 제목에 담으려 했습니다. 이 책이 나오게 된 것은 전적으로 삼인출판사 신길순 사장님의 관심과 배려 덕분입니다. 편집디자인을 맡아주신 조인숙 대표와 꼼꼼하게 교정을 봐주신 김수진 님의 수고를 기억합니다. 벌써 여러 날 가락재에서 함께 생활하는 김종원 목사의 도움도 컸습니다. 설교를 하고나서 그 말씀을 다시 들을 때 어색한 것처럼 한번 쓴 글을 다시 읽을 때도 그러합니다. 이런 글을 세상에 펼치는 데는 적잖은 용기가 필요한데, 그래서 주위의 권유와 도움이 필요한가 봅니다. 표지를 디자인해준 사랑하는 딸 나은이와, 그동안 가락재를 다녀가며 때로는 일상의 대화로 때로는 교회와 사회와 역사에 걸친 담론으로 하루하루 보람을 안겨준 분들께 깊이 고마운 마음을 전합니다.

젊은 시절 세 아이를 버겁게 키우면서 부모로서 많이 부족했음을 뒤늦게나마 깨닫습니다. 이제 할아버지가 되어 그때 못다 한 사랑을 한껏 쏟고 싶은 우리 손주들, 려원이, 채원이, 그리고 이린에게 이 글과 사진이 작은 선물이 되면 좋겠습니다.

2021년 여름 한가운데를 보내며
가락재에서 시산

쉼 | 물러나 '쉼'
숨 | '숨'결 회복
섬 | 다시 일어'섬'

차례

쉼 ——————————————————

숨

쉼

산山과 에레모스

그러나 예수께서는 늘 여기저기 외진 곳으로 물러가셔서 기도하셨습니다.

누가 5:16

산에 오르는 사람들이 부쩍 늘었습니다. 어느 산을 가더라도 적지 않은 등산객을 만나게 됩니다. 어린 시절에 자주 눈에 띄던 '입산 금지' 팻말 대신에 이제는 산을 잘 오르게 도와주는 안내판이 그 자리에 있습니다. 산을 대하는 태도에 따라 '등산' 또는 '산행', '입산'이라고도 하지요.

등산은 오름을 강조하는 말이고, 산행은 오르고 내림을 포함하는 등반이라는 뜻이며, 입산은 수도修道의 의미를 담고 있습니다.

산은 때로 정복의 대상, 때로는 길벗, 때로는 도를 닦는 대상이기도 했습니다. 수도원이나 기도원이 산에 자리 잡게 된 이유가 있지요. 수도원은 피정避靜을 위한 곳이고, 기도원은 하나님의 음성을 듣거나 그 뜻을 헤아리기 위한 곳인데, 이는 산이 지닌 신비로운 분위기 때문일 겁니다.

예수님도 때때로 산을 찾으셨습니다. 기도하려고, 쉬려고, 그리고 홀로 있을 시간이 필요해서였습니다. 이러한 영성의 공간을 복음서는 '에레모스eremos'라고 합니다. 에레모스는 본래 유대 광야를 가리키지만, 꼭 사막이 아니더라도 '한적한 곳(solitary place, retreat place)'으로 해석됩니다. '광야의 시험'이나 '광야의 영성'이라는 말은 이 에레모스에서 비롯된 것이지요.

이번에 소백산을 오르내리며, 등산이든 산행이든 입산이든 산을 찾는 근본적인 이유가 이런 영성의 차원이었으면 좋겠다고 생각해보았습니다. 사람들이 많지 않아 좋았습니다.

영적 바이러스

이것을 너희에게 이르는 것은 너희로 내 안에서 평화를 누리게 하려 함이라.
세상에서는 너희가 환란을 당하나 담대하라. 내가 세상을 이기었노라.
요한복음 16:33

의사의 주요한 연구 대상은 바이러스일 것입니다. 바이러스와의 싸움은 병의 치료와 직결되며, 이를 정복할 백신을 개발하는 일은 무엇보다도 우선하는 과제일 것입니다. 이제 바이러스나 백신이란 말은 의학 용어뿐 아니라 컴퓨터 용어로도 자주 쓰이게 되었습니다. 컴퓨터의 백신을 개발하는 일은 몸의 백신 못지않게 중요한 일이 되었습니다. 컴퓨터 백신을 개발하는 사람 또한 명의名醫나 마찬가지로 존경받고 명예를 누려야 합니다. 인체나 컴퓨터처럼 우리 삶에도 영적 바이러스가 존재하며 이와 맞서 싸우는 사람이 필요합니다. 의사나 컴퓨터 전문가와 마찬가지로 그 또한 바이러스 전문가가 되어야 합니다. 바이러스의 종류, 모양, 그 영향력, 그리고 하나의 바이러스가 어떻게 발생하며, 어떤 경로로 전염되고, 어떻게 소멸하는지 등등.

하나님의 존재를 믿는 사람은 사탄의 존재도 인정합니다. 사탄은 하나님의 지배를 거부하는 어둠의 세력입니다. 그 세력은 우리 육안으로는 보이지 않으나 엄청난 파괴력으로 생명체를 향해 공격의 화살을 퍼붓습니다. 그 화살의 독 기운은 우리 그리스도인을 향해 세력을 뻗치며 가정은 물론 교회에까지 영향을 미치기도 합니다. 그리고 교회와 사회를 단절시키는 벽을 쌓습니다. 힘겨루기를 하다가 유리할 때면 가차 없이 뚫고 들어오다가, 좀 불리해지면 빗장을 닫아겁니다. 그리고 때를 기다립니다. 잠복기에 들어가는 것이지요.

세상은 여전히 어렵습니다. 시련은 늘 밀어닥치며 성난 사자처럼 우리에게 달려듭니다. 말씀뿐입니다. 그리고 그 말씀에 대한 믿음뿐입니다. '내가 세상을 이겼다'(요 16:33)라는 말씀만큼, 또 이 말씀에 대한 믿음만큼 요즘 우리에게 절박하게 와 닿는 것은 없는 듯합니다.

마리아의 얼굴

내가 진실로 진실로 너희에게 이르노니, 너희는 곡하고 애통하겠으나 세상은 기뻐하리라. 너희는 근심하겠으나 너희 근심이 도리어 기쁨이 되리라.
요한복음 16:20

오래전 폴란드에서 성탄을 맞을 때였습니다. 검은 얼굴에 깊은 상처 자국이 난 성모화聖母畵가 교회 앞에 크게 걸려있었습니다. 흔한 마리아 이미지와는 달리 천박하고 혐오스럽기까지 한 얼굴이었습니다. 그 그림을 처음 보았을 때 큰 충격을 받았습니다. 한쪽 뺨에 깊게 팬 칼자국은 그 후로도 오랫동안 마음에 남았습니다. 왜 검은 얼굴일까. 그리고 그 칼자국은 무엇일까?

첫 번째 의문에 대한 제 답은 이렇습니다. 중동의 여인 마리아가 아프리카에서 토착화되고, 이것이 다시 북유럽으로 건너간 것입니다. 그리고 두 번째 의문에 대한 답은 누가복음 2장 35절의 말씀으로 '슬픔이 날카로운 칼과 같이 당신의 마음을 찢을 것'이라는 기록에 있습니다. 이것은 아기 예수를 품에 안은 시므온이 마리아에게 한 말로, 수많은 사람의 적대감 때문에 어머니 마리아가 살이 찢어지는 슬픔을 겪을 것이라는 예언입니다. 마리아는 땅 위에서 가장 큰 축복을 받은 여인이었으나, 그 누구와도 비교할 수 없이 큰 상처를 지니고 살아야 했습니다. 아기 예수라는 생명 때문에.

찢어지는 아픔. 무언가가 찢어지면서 나오는 것, 그것이 생명입니다. 흙이 갈라지고 새싹이 돋아납니다. 나무껍질이 갈라지고 연한 가지가 나옵니다. 동지를 가르고 새날이 다가옵니다. 그렇게 살이 갈라지고 갓난아기가 태어납니다. 역사의 살이 찢어지고 갈라져 하나님의 아들이 탄생합니다.

칼의 흔적, 상처 자국은 곧 생명의 표시입니다. 그때 본 마리아의 검은 얼굴에 난 칼자국은 바로 이런 생명의 자국이었습니다.

어둠에서 빛으로

너희가 세상에 속하였으면 세상이 자기의 것을 사랑할 것이나, 너희는 세상에 속한 자가 아니요, 도리어 내가 너희를 세상에서 택하였기 때문에 세상이 너희를 미워하느니라.

요한복음 15:19

예수의 탄생을 축하하고 기뻐하는 분위기가 온 도시를 가득 채우고 있습니다. 도시의 야경, 밤의 화려함은 12월을 맞으면서 더욱 커지는 듯합니다. 어찌 보면 한 해의 마지막 달은 이런 분위기보다는 좀 차분하고 숙연해야 하지 않을까 우려되기도 합니다. 그도 그럴 것이 12월은 마무리, 마감, 정리, 종결, 결산의 달이니까요. 그러나 해마다 이맘때가 되면 우리 마음은 뭔가 모르게 들뜨고 설레며 자못 흥분하기도 합니다. 산타를 기다리는 동심의 세계로 풍덩 뛰어들고 싶은 심정입니다. 저는 이런 마음을 다른 시각에서 변호하고 싶습니다.

다름 아니라, 성탄을 마감이 아닌 시작의 달로 맞자는 것이지요. 굳이 말하자면 '제13월'이라고 할까요. 일요일이 한 주의 끝이 아닌 시작(안식 후 첫날)이듯이, 그래서 '제8요일'이라는 뜻을 부여하듯이 말입니다. 실제 우리가 성탄일로 지키는 12월 25일은 일 년 중 밤이 가장 긴 동지를 막 지나는 즈음이지요. 바로 어둠의 세력, 그 등등하던 기세가 비로소 꺾이기 시작하는 때입니다. 어둠을 살라 먹고 등장하는 빛의 힘, 다시 시작되는 새 창조의 빛줄기, 그 찬란한 빛살. 우리는 태초의 영광에 참여하는 것입니다. 우리가 성탄을 태초에 하나님과 함께 계셨던 그분의 '몸 되심'으로 고백한다면, 그래서 그 사건으로 역사의 기원紀元이 갈라졌다면, 예수 탄생의 달은 단순한 12월이 아닌 13월이 될 수도 있는 것입니다. 그러면 우리는 산타를 기다리는 어린아이의 또 다른 설렘으로 이달을 맞게 되겠지요.

수평선상의 사랑

사람이 친구를 위하여 목숨을 버리면 이보다 큰 사랑은 없나니…

요한복음 15:13

이 세상에서 사랑만큼 수많은 정의를 가진 단어는 없을 것입니다. 제가 아는 노래 제목이나 노랫말만 해도 수십 가지 표현이 떠오릅니다. 노래 가사뿐이겠습니까. 영화, 연극, 연속극, 시, 소설 등의 다양한 장르는 모두 사랑을 담기 위한 그릇 같습니다. 성경에도 사랑에 대한 여러 정의가 있습니다. 그중에서도 예수의 사랑을 가장 많이 받았다고 자타가 공인하는 요한이야말로 사랑을 정의할 자격을 그 누구보다 잘 갖추었다 할 것입니다. 그는 사랑을 '친구를 위하여 목숨을 버리는 것'이라고 말합니다.

예수 당시, 스승과 제자는 수직적인 주종 관계였습니다. 스승 앞에서 제자는 종이고 머슴이었습니다. 전자는 말씀하는 자며 후자는 듣는 자, 전자는 명령자며 후자는 복종자입니다. 사람들은 흔히 사랑을 '내리사랑'이라고 표현하지만, 이런 사랑은 별로 자랑할 만한 것이 못됩니다. 이런 사랑을 너무 크게 떠들면 낮의 새와 밤의 쥐가 듣고 웃습니다. 새끼를 먹이는 어미의 갸륵한 정성은 동물의 세계에서도 흔한 일이기 때문입니다. 수직선상에서 이루어지는 사랑이 수평선상로 바뀌는 단계, 이것이 친구 관계입니다. 요한은 이 단계로 끌어올려지는 자신을 느꼈고, 이 사랑을 예수님으로부터 받은 것입니다. 그리고 이를 가능케 한 말씀을 기억한 것입니다. "이제부터는 내가 너희를 종이라 부르지 않고 친구라고 부르겠다."

사랑의 대상을 수평선상에 둘 수 있는 사람이 참으로 행복한 사람입니다.

믿음의 근거

예수께서 이르시되 너는 나를 본 고로 믿느냐, 보지 못하고 믿는 자들은 복되도다.

요한복음 20:29

열두 제자 가운데 도마는 현대적으로 말하자면 '실증주의자'입니다.

실증주의란 일종의 경험주의로서, 경험적으로 주어지는 사실에만 관심을 기울이고 초경험적 실재를 인정하지 않으려는 현대 철학 사조입니다.

이러한 입장을 따라 물리학, 생물학, 화학, 천문학 등 오늘날의 자연과학이 발달했습니다.

이전의 주도적 학문은 철학이나 신학이었는데, 이를 뒷받침하는 무게는 형이상학에 있었습니다.

형이상학이란 자신은 보이지 않으면서 눈에 보이는 현상을 가능케 하는 배후의 '어떤 것'을 중시하는 사상 체계입니다.

도마는 하나님의 존재를 형이상학이 아닌 실증주의적 대상으로 간주했던 것 같습니다. 그의 관심은 '못 자국'과 '창 자국'에 있었습니다. 그 자국을 실제로 만져봐야 한다고 생각했습니다.

아마 오늘을 사는 현대인의 모습이 아닐까요? 그러나 부활 신앙의 근거는 형이상학도 실증주의도 아닌 하나님의 말씀과 이 말씀에 대한 믿음입니다.

날마다 죽는 삶

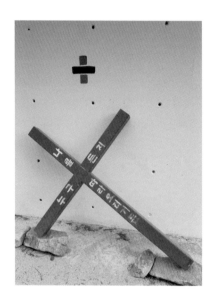

그들이 거기서 예수를 십자가에 못 박을 새, 다른 두 사람도 그와 함께 좌우
편에 못 박으니 예수는 가운데 있더라.

요한복음 19:18

누가복음은 특별히 '날마다'라는 말을 '십자가'라는 단어 앞에 두고 "날마다 자기 십자가를 지고 나를 따르라"(누가 9:23)라고 말합니다. 십자가는 예수뿐만 아니라 그를 따르는 우리 그리스도인 모두에게 요구되는 제자됨의 전제 조건입니다.

성경에서 말하는 영생은 죽지 않고 오래도록 사는 삶(long life)이 아니라 새로 탄생하는 삶(new life)입니다. 이 생명은 나를 던지고 얻는 삶이며, 나를 버린 사람에게 주어지는 축복이며 은총입니다.

그런데 중요한 점은 이런 일이 한순간으로 끝나는 것이 아니라 날마다 지속되어야 한다는 것입니다. 우리가 50년 또는 100년을 산다고 할 때, 이 나날은 밤으로 끝나고 아침으로 시작되는 마감과 시작의 연속입니다. 밤이 오면 눈을 감고 잠이 드는 일종의 죽음과, 낮이 와서 눈이 떠지고 잠에서 깨어나는 일종의 살아남의 반복으로 하루하루를 지내듯이, 예수 안에서 얻은 새 생명도 이러한 과정으로 지속된다는 것입니다.

날마다 죽고 날마다 다시 태어나는 삶, 이것이 영원한 생명의 실존 양태입니다. 그래서 사도 바울은 "나는 날마다 죽는다"(고전 15:31)라고 했습니다. 그는 그에게 주어진 십자가를 날마다 지고 가면서, 날마다 죽으면서, 영생을 누린 것입니다.

십자가

대제사장들과 아랫사람들이 예수를 보고 소리 질러 이르되 십자가에 못 박
으소서, 십자가에 못 박으소서 하는지라. 빌라도가 이르되 너희가 친히 데려
다가 십자가에 못 박으라, 나는 그에게서 죄를 찾지 못하였노라.

요한복음 19:6

십자가는 로마 시대 정부에 반역하는 죄인을 오랫동안 고통스럽게 처형하는 사형 집행틀이었습니다. 이 끔찍한 죽임의 틀이 기독교를 나타내는 상징물이 되었습니다.

이제 십자가 없이는 교회 건물을 생각할 수 없을 정도입니다. 또한 사람들은 이런 십자가를 모형으로 만들어 좋아하며 아끼고, 사랑의 징표로 선물하기도 합니다. 이런 아이러니가 어디 있겠습니까?

프랑스혁명 때의 사형 집행틀인 '기요틴guillotine(단두대)'을 작게 만들어 손에 끼고, 목에 걸고, 사랑하는 사람끼리 주고받는 일이 가능할까요? 그래서 십자가는 뒤바뀜이고, 역설이고, 기적이고, 신비며, 복음의 힘이고, 하나님의 일입니다.

십자가를 패러다임으로 하는 삶이 필요합니다. 이것이 바로 기독교의 믿음입니다. 무엇인들 안 바뀌겠습니까?

로마 통치 아래 여기저기 수백 수천의 십자가에서 막강했던 로마의 힘을 보았다면, 이 시대 서울의 하늘 아래 여기저기 수천 수백의 십자가에서 '또 다른 힘'을 느낄 수 있었으면 합니다. 십자가는 힘입니다.

로마 총독 빌라도

ARCH OF TRAJAN—ROME.

빌라도가 이 말을 듣고 예수를 끌고 나가서 돌로 깐 뜰(히브리말로 가바다)에 있
는 재판석에 앉아있더라.

요한복음 19:13

이 이름은 전 세계의 교회에서 적어도 일주일에 한 번은 되새겨지는 이름입니다. "본디오 빌라도에게 고난을 받으사 십자가에 죽으시고…", 역사상 이런 악명이 또 없을 만큼 그는 죽어서도 잊히지 않는 영원히 나쁜 사람이 되었습니다.

달리 생각하면 빌라도는 매우 억울합니다. 그는 예수와는 별 상관이 없는 사람입니다. 역사의 현장에서 예수와 부딪치지 않고 그냥 지나쳐버려도 그만이었던 사람입니다. 정작 충돌의 당사자는 로마인이 아니고 유대인이며, 대제사장과 바리새파 사람들이었지요.

빌라도는 본의 아니게 양자 사이에 낀 것이나 다름없었습니다. 그는 이 사건을 피하고 싶어 대야에 물을 가져다가 손을 씻으며 "나는 이 사람의 피에 대하여 책임이 없다."(마태 27:24)라고까지 했습니다. 그런데도 빌라도의 이름이 예수 재판의 주인공으로 남을 수밖에 없는 이유는 그의 직분 때문입니다. 그는 로마 총독이었고 유대 사회의 최고 권력자였으며, 따라서 사형 집행의 최종 결재자였습니다.

하나님은 많이 맡은 자에게 많은 것을 물으십니다. 가정이든 학교든 회사든 나라든, 최고 책임자, 최종 결재자에게 하나님은 큰 책임을 물으시는 것이 아닌가 합니다.

예수 앞에 솔직함

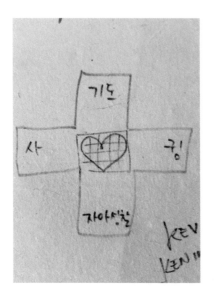

문 지키는 여종이 베드로에게 말하되, 너도 이 사람의 제자 중 하나가 아니냐 하니, 그가 말하되 나는 아니라 하고…

요한복음 18:17

사람에게는 자신의 진심을 드러내고 싶어 하는 욕구가 있다고 합니다. 그 상대가 자신을 믿어주고 사랑하고 아끼는 사람일 경우는 더욱 그러할 것입니다.

예수의 제자 가운데 베드로는 자신을 가장 솔직하게 드러낸 사람입니다. 복음서와 사도행전은 그의 참모습을 유감없이 밝혀줍니다. 그의 용기, 결단, 단순함, 다혈질, 폭력성 그리고 비겁에 이르기까지. 스승인 예수님 앞에서 이만큼 자신의 모든 것을 다 보여준 제자가 또 있을까 싶습니다.

예수 앞에서는 모두가 거울 앞에 선 듯한 기분이었을 겁니다.

거울을 보는 데는 두 가지 이유가 있겠지요. 하나는 자신의 모습을 바로 보려 함이고, 또 하나는 자신의 모습을 꾸미기 위함입니다. 어떤 거울은 아예 자신의 약점을 보완해서 비춰주기도 한답니다. 그러나 좋은 거울은 역시 정직한 거울이고, 정직한 거울은 솔직하게 자신의 모습을 비추어주는 거울이겠지요.

신앙생활이란, 예수라는 거울 앞에서 자신의 솔직함을 찾아가는 삶이 아닐까 합니다. 그로 인해 어떤 손해가 있더라도 말입니다.

솔직한 사람, 특히 예수 앞에서 솔직한 사람이 좋습니다.

기다림의 신앙

그 지역에 목자들이 밤에 밖에서 자기 양 떼를 지키더니…

누가복음 2:8

기독교의 여섯 절기 중에서 첫 절기는 성탄 4주 전인 '대강절'로부터 시작됩니다. 따라서 예배력도 메시아 오심을 기다리는 일로 출발합니다. 그러니까 11월 말 또는 12월 초부터 이미 교회의 새 달력은 시작된다는 말입니다.

이러한 예배력의 관점에서 볼 때 구약은 '메시아를 기다리는 사람들의 이야기'이며, 신약은 '기다리던 메시아가 왔다', '내가 그를 만났다'라는 사람들의 이야기입니다.

그리고 신·구약을 함께 손에 들고 있는 우리는 이미 오신 메시아와 다시 오실 메시아 사이에서 또 다른 기다림의 과정을 살아가는 사람들입니다.

그리스도인의 기다림은 지평 저 멀리서 다가오는 막연한 희망이나 근거 없는 단순한 기대 이상이어야 할 것입니다. 그 이상의 차원에 메시아의 자리가 있습니다.

태초에 하늘이 열리고 하나님의 말씀이 드러났듯, 이천 년 전에도 똑같이 하늘이 열리고 말씀이신 메시아가 자신을 드러내셨습니다. 그리고 우리는 이러한 메시아적 열림을 기다리는 것입니다.

나를 사로잡은 말씀

여호와는 나의 목자시니 내게 부족함이 없으리로다. 내가 사망의 음침한 골짜기를 다닐지라도… (시편 23)

아무든지 나를 따라오려거든 자기를 부인하고 날마다 제 십자가를 지고 나를 좇을 것이니라. (누가 9:23)

내가 그리스도와 함께 십자가에 못 박혔나니, 그런즉 이제는 내가 사는 것이 아니요, 오직 내 안에 그리스도께서 사시는 것이라. (갈라 2:20)

근심하는 자 같으나 항상 기뻐하고, 가난한 자 같으나 많은 사람을 부요하게 하고, 아무것도 없는 자 같으나 모든 것을 가진 자로다. (고후 6:10)

이제부터는 너희를 종이라 하지 아니하리니, 종은 주인이 하는 것을 알지 못함이라 너희를 친구라 하였노니… (요한 15:15)

사람이 친구를 위하여 자기 목숨을 버리면 이보다 더 큰 사랑이 없나니 (요한 15:13)

여러분도 '나를 사로잡은 말씀'을 떠올리며 이렇게 써보시면 어떨까요?

감사절인데

여호와께 감사하라. 그는 선하시며 그 인자하심이 영원함이로다.

시편 107:1

감사절인데 무엇을 감사해야 할까, 딱히 생각나는 것이 없습니다.

남보다 잘사는 것도 아니고, 사업이 잘된 것도 아니고, 아이가 좋은 성적을 올린 것도 아니고, 되레 여건은 많이 안 좋아졌습니다.

건강도 별로 좋지 않고요. 감사절인데 감사할 이유가 없습니다. 그런데, 이런 내가 있습니다.

'감사에 대해 생각하고 있는 나' 말입니다. 그리고 나를 있게 하신 '그분'이 있습니다. 그의 사랑이 있고, 그가 주시는 따뜻한 위로가 있습니다. 구원의 손길이 있고, 깨달은 말씀이 있고, 눈시울 뜨겁게 하는 찬양이 있습니다.

어려울 때 함께 기도해주는, 우정 어린 믿음의 교우가 있고, 엎드려 기도할 수 있는 교회가 있습니다.

무엇보다 이러한 나의 감사들로 채워야 할 감사절이 있습니다. 감사절인데, 비어있는 감사절인데 이제 하나씩 둘씩 채울 수 있을 것 같습니다.

내어주는 계절

내가 진실로 진실로 너희에게 이르노니, 한 알의 밀이 땅에 떨어져 죽지 아니
하면 한 알 그대로 있고, 죽으면 많은 열매를 맺느니라.
요한복음 12:24

나무들이 추운 겨울을 준비하느라 옷 갈아입기에 한창입니다. 울긋불긋한 것은 꽃만이 아니라, 붉고 노란 가을 잎의 향연은 봄의 꽃 못지않습니다.

그러나 머지않아 이 잎들은 모두 낙엽이 될 것입니다. 어쩌면 이 떨어짐은 흙에 자신의 귀한 것을 '내어주는' 일이 아닌가 합니다. 그동안 뿌리를 내리게 해주고 필요한 영양분을 공급해준, 고마운 흙에 말입니다.

모두 다 아낌없이 내어주고 볼품없이 앙상해진 나뭇가지. 그렇지만 이렇게 옷을 벗은 상태라야 겨울을 이겨낼 수 있습니다.

물 먹은 가지와 잎으로는 겨울을 날 수 없습니다. 얼어버릴 테니까요. 그동안 빨아올린 수액을 한 방울도 남김없이 다 내어주어야 합니다.

가을은 그동안 받았던 귀한 것들, 내게 있는 모든 것을 아낌없이 내어주는 계절이 아닌가 합니다. 내어주지 못함이 부끄러울 따름입니다.

남부럽지 않은 삶

내가 궁핍하므로 말하는 것이 아니니라. 어떠한 형편에든지 나는 자족하기
를 배웠노니…

빌립보서 4:11

"어린 시절 정말 부럽지 않게 살았다."

"두고 봐라, 내 자식 남부럽지 않게 키울 테다."

부럽지 않게 살고 싶은 마음의 표현이라고 생각합니다. 그러나 이 말의 뜻은 남을 부러워하지 않아도 될 만큼의 부와 성공을 바라는 마음, 남이 나를 부러워할 정도의 지위와 소유에 대한 기대가 담겨있습니다.

강한 비교 의식이나, 비교 우위를 점하고 싶어 하는 마음이지요. 남이 내 삶을 부러워할 이유가 없듯이, 나도 남의 삶을 부러워할 이유가 없습니다. 그것이 남부럽지 않게 사는 삶입니다.

크고 작은 일에 대한 비교 의식이 우리를 얼마나 피곤하게 하고, 우리의 마음을 얼마나 짜증나게 합니까? '아무개는 몇 등을 했는데 너는 뭐하나?', '아무개는 수십 평짜리 집에 사는데 우린 뭐예요?'

참으로 남부럽지 않게 사는 데 필요한 것은 우리를 둘러싼 외적 조건이 아니라, 비교 의식이라는 얽매임으로부터 풀려나는 일일 것입니다.

영적 욕구

의에 주리고 목마른 자는 복이 있나니 그들이 배부를 것임이요…

마태복음 5:6

도시의 화려함은 낮보다 밤에 잘 드러납니다. 그 화려함은 불빛을 통해 나타납니다. 시골에는 그러한 불빛이 필요하지 않습니다. 특히 가을철에 밤의 불빛은 곡식이 열매 맺는 것을 방해할 뿐입니다. 연구소의 불빛, 공장의 불빛, 도서관의 불빛도 있으나 대부분의 불빛은 도시인의 스트레스를 풀기 위한 것입니다.

도시 생활에서 '스트레스'라는 말은 거의 모든 연령층에 해당하는 말이 되었습니다. 스트레스가 만병의 원인이 된다는 것을 잘 알면서도 이를 쉽게 해결하지 못합니다. 스트레스란 사람의 내면적 욕구가 이런저런 억압으로 제약받을 때 나타나는 심리 현상입니다. 그러나 과연 어떤 사람이 자신의 욕구를 다 충족시키면서 살 수 있을까요?

만일 우리의 육적인 욕구를 영적인 욕구로 바꿀 수 있다면, 오히려 그 길이 우리가 스트레스에서 쉽게 해방되는 길이 아닐까 생각합니다. 정욕, 물욕, 탐욕, 명예욕을 영적인 것들로 대체한다면 우리는 큰 어려움 없이 자족의 경지에 다다를 수 있을 것입니다.

그리스도인이란 예수 그리스도 한 분으로 만족하는 사람 아니겠습니까?

그러므로라고 하는 접속사

그러므로 형제들아 내가 하나님의 모든 자비하심으로 너희를 권하노니 너희 몸을 하나님이 기뻐하시는 산 제물로 드리라. 이는 너희가 드릴 영적 예배니라.

로마서 12:1

바울의 글을 읽노라면 몇 가지 특징을 발견하게 됩니다. 처음에는 편지글답게 인사와 안부를 묻는 일로 시작합니다. 이어서 글을 읽는 교회나 사람, 그리고 그들이 처한 문제와 이에 대한 해결책이 밝혀집니다. 어떤 글은 의사가 환자의 병을 살피고 이에 대한 처방을 정성스럽게 베푸는 것처럼 느껴지기도 합니다. 물론 이 처방전의 내용은 하나님의 사랑, 예수 그리스도의 복음, 성령의 역사 등입니다.

그런데 이렇게 복음의 핵심을 충분히 거론한 후, 이어서 나오는 말이 있습니다. 그것은 '그러므로'라는 접속사입니다. 접속사는 말 그대로 앞말과 뒷말을 연결하는 고리 역할을 합니다. 앞의 내용이 원리라면 뒤의 내용은 적용에 해당하고, 앞의 내용이 이론이라면 뒤의 내용은 실천에 해당합니다.

바울 서신을 읽어 내려가다가 이 접속사를 놓치지 않는다면 우리는 아주 중요한 고리를 갖고 다니는 셈입니다. 그 고리는 말과 행동, 앎과 삶, 믿음과 행함, 이론과 실천을 말할 때의 '과'에 해당하지요. '그러므로'라는 접속사, '과'라는 고리를 간직하고 살면 좋겠습니다.

아담은 모든 사람입니다.

네가 흙으로 돌아갈 때까지 얼굴에 땀을 흘려야 먹을 것을 먹으리니, 네가 그
것에서 취함을 입었음이라. 너는 흙이니 흙으로 돌아갈 것이니라 하시니라.
창세기 3:19

성경에 의하면 아담은 하나님이 지으신 최초의 인간입니다. 우리는 그 혈통을 따라 태어난 그의 후손들입니다.

창세기 1장 27절에 나오는 '아담Adam'이라는 이름은 '인류'라는 보통명사이며 집합명사로 쓰입니다. 히브리어로 아담은 우리말로 '사람'이란 뜻인데, 이는 흙을 가리키는 '아다마adamah'에서 나온 말입니다. 곧, 아담은 최초의 인간일 뿐 아니라 모든 인류를 뜻하면서, 또한 그들이 흙에서 온 존재라는 것을 상징적으로 나타내는 말입니다.

따라서 창세기에서 이야기하는 아담은 에덴에 살았던 사람인 동시에 모든 사람이고, 또 오늘을 사는 우리들이기도 합니다. 물론 그 안에는 저 자신도 포함되어 있지요.

아담 한 사람의 불순종과 타락과 죄는 한 사람의 책임으로 끝나지 않고, 전 인류의 책임이 된다는 말이 됩니다. 그래서 바울은 로마서 5장 12절에서 "한 사람으로 말미암아 죄가 세상에 들어오고, 죄로 말미암아 사망이 왔으며, 이와 같이 모든 사람이 죄를 지었으므로 사망이 모든 사람에게 이르렀다."라고 말할 수 있었습니다.

교회의 껍질과 알맹이

우리가 이 보배를 질그릇에 가졌으니, 이는 심히 큰 능력은 하나님께 있고
우리에게 있지 아니함을 알게 하려 함이라.

고린도 후서 4:7

껍질이 있고 알맹이가 있습니다. 밤이나 포도 같은 과일뿐만 아니라 달걀이나 오리알 같은 생명체도 그렇습니다. 그것은 그릇과 내용물, 또는 포장과 물건의 관계와도 같습니다. 껍질이나 그릇이나 포장은 그 안의 알맹이를 위해 존재합니다. 있어야 할 알맹이는 없는데 껍질만 화려하다면 그건 문제지요. 외화내빈外華內貧이라 할 것입니다. 사람에게도 겉사람과 속사람이 있습니다.

바울은 고린도후서 4장에서 우리 그리스도인을 '보배를 담은 질그릇'으로 비유합니다. 겉은 쉽게 부서질 토기지만, 그 안에는 예수 그리스도라는 보배가 담겨있다는 뜻이지요.

우리의 껍질 때문에 쉽게 절망하거나 좌절하지 않았으면 좋겠습니다. 그래서 껍질이고 질그릇이고 포장이라 하지 않습니까. 겉사람은 낡고 병들 수밖에 없습니다. 그릇은 깨지고 포장은 찢길 것입니다. 누가 늙음을 막을 수 있겠습니까? 문제는 우리의 속사람입니다. 우리 안에 있어야 할 알맹이입니다. 우리의 낙심이 그 알맹이 때문이라면 좋습니다. 얼마든지 고민하고 절망하고 낙심도 하자고요. 우리의 그 껍질이 다하기 전에….

교회도 사람처럼 겉교회가 있고 속교회가 있다고 생각합니다. 그동안 우리 안에 있던 기쁨과 슬픔, 사랑과 미움, 희망과 절망, 칭찬과 원망, 분노와 용서, 이 모든 것들이 우리 교회의 알맹이를 이루기 위한 것이었기를 소원합니다.

좋은 질문

세 번째 이르시되 요한의 아들 시몬아 네가 나를 사랑하느냐 하시니, 주께서 세 번째 네가 나를 사랑하느냐 하시므로 베드로가 근심하여 이르되, 주님 모든 것을 아시오매 내가 주님을 사랑하는 줄을 주님께서 아시나이다. 예수께서 이르시되 내 양을 먹이라.

요한복음 21:17

철학은 질문하기를 배우는 학문이라고 합니다.
'學問(묻기를 배움)'이라는 말이 이를 뒷받침합니다.

우리는 늘 답을 해야 하고, 그것도 정답을 맞혀야 한다는 강박 속에 살아갑니다. 학교에서 공부하는 학생들은 물론 어른들도 마찬가지입니다. 그러나 우리는 대답에 앞서 주어진 질문에 대해 되물어볼 필요가 있습니다.

과연 그 질문은 바른 물음인지, 제대로 묻고 있는 것인지, 어떤 의도인지를.

이제는 우리도 정답 맞히기라는 강박에서 벗어나 자유롭게 질문을 던지며 살면 좋겠습니다. 이왕이면 좋은 질문을 하면서 말입니다. 좋은 질문이란 질문 그 자체로 의미와 가치가 있는 질문입니다. 또한 그 질문을 통해 묻는 자와 답하는 자가 서로를 알고 이해하게 됩니다.

세례 문답이 퀴즈 문답과 다른 점이 여기에 있습니다. 정말 좋은 질문은 사람을 사랑하는 질문, 사람을 사랑하려는 질문이라고 생각합니다.

하나님은 말씀입니다

태초에 말씀이 계시니라. 이 말씀이 하나님과 함께 계셨으니 이 말씀은 곧
하나님이시니라.

요한복음 1:1

하나님은 말씀하시는 분이고, 그 말씀을 기록한 책이 성경입니다. 그래서 우리는 성경을 하나님의 말씀이라고 합니다. 하나님과 사람, 그사이에 말씀이 있습니다. 태초에 말씀이 있었고, 그 말씀이 하나님과 함께 있었다는 말씀으로 요한복음은 시작됩니다.

태초의 그 말씀은 지금도 살아 우리 가운데 함께 있습니다.

하나님이 말씀하시는 분이라면, 우리는 그 말씀을 듣는 사람들입니다. 그런데 이 들음은 단순히 귀로 듣는 차원이 아니라 마음과 삶으로 듣는 차원을 뜻합니다. 말씀을 듣는다는 것은 그 말씀을 마음에 새기고 따른다는 것입니다.

우리 그리스도인들이 '하나님은 말씀입니다'라고 고백하려면 '말씀의 들음'과 '말씀의 새김'과 '말씀의 따름', 이 세 가지가 수반되어야겠지요.

"귀 있는 자는 들을지어다. 마음 있는 자는 새길지어다. 발 있는 자는 따를지어다."

이런 이들은 참으로 복 있는 자가 아닐 수 없습니다.

그때 그 마구간

너희가 가서 강보에 싸여 구유에 뉘어 있는 아기를 보리니, 이것이 너희에게
표적이니라 하더니…

누가복음 2:12

누구도 거들떠보지 않았을 마구간 구유.

특별히 찾는 이 없으니 팻말도 이정표도 있을 리 없는 외딴 마을의 누추한 헛간.

이렇게 사람들로 북적거리기는 난생처음이라며 저마다 한두 마디. 호적령 때문에 몰려든 인파 중 만삭의 마리아와 약혼자 요셉 말고 누가 그 허름한 마구간과 구유를 눈여겨보았을까요.

보잘것없는 집이 낡아 부서지고 흔적도 없이 사라져간 세월 동안 이를 기억하여 작은 기념비 하나 세워줄 사람 누가 있었겠습니까!

보이지 않는 메시아의 표적을 보는 눈을 가진 자가 복됩니다.

죄

오호라 나는 곤고한 사람이로다. 이 사망의 몸에서 누가 나를 건져내랴.

로마서 7:24

성경은 죄를 과녁에 빗맞은 화살로 비유하여 말합니다.

정조준해 활시위를 힘껏 당겼다가 쥐고 있던 화살을 놓았는데, 그 화살이 과녁 한가운데 정확하게 꽂히지 않고 엉뚱한 데 꽂힌 것입니다.

'왜 이렇게 되었지? 내가 잘못 겨냥했나? 숨을 잘못 쉬었나? 자세가 비뚤어졌나?' 과녁에 빗맞은 화살을 마치 자신의 모습으로 간주하며 안타까워합니다.

'나를 향하신 하나님의 뜻'이라는 과녁에 '나'라는 화살을 정확히 맞히며 사는 삶, 이러한 삶을 위해 죄를 생각하고, 죄인임을 고백하고, 또 회개하는 것입니다.

그리고 우리는 비로소 하나님 보시기에 아주 좋았던 본래의 상태로 회복됩니다.

그리스도인이란 지금 내 화살이 어디에 꽂혀있는지에 관심을 기울이며 사는 사람입니다.

시간에 대하여

범사에 기한이 있고 천하만사가 다 때가 있나니…

전도서 3:1

'시간'처럼 쉽고도 어려운 말이 또 없는 것 같습니다.

한글을 제대로 익히지 못한 어린아이도 쉽게 알 수 있지만, 이름난 철학자나 과학자도 제대로 설명하지 못하는 것이 시간입니다.

시계 안에 있으면서 시계 밖에도 있고, 우리 마음 안에 있으면서 마음을 떠나 있기도 하고, 이 땅에 있지만 하늘에도 있는 것이 바로 시간입니다.

우리는 그 시간을 잘 이해하지 못한 채로, 그 시간 안에 살면서 시간을 노래하기도 하고, 시간(Time)을 들고 다니기도 하고, 때로는 그 시간을 초월하려고 합니다.

시간에 대해 우리에게 귀중한 깨달음을 준 사람 중 으뜸은 하나님의 말씀을 기록한 히브리인들입니다.

그들은 시간을 하나님이 우리 일상사에 개입하시는 '틈'으로 보았습니다.

기억

바울이 가로되 회칠한 담이여 하나님이 너를 치시리로다. 네가 나를 율법대로 판단한다고 앉아서 율법을 어기고 나를 치라 하느냐 하니.

사도행전 23:3

내적 치유의 과정에서는 기억하는 일이 우선입니다.

치유자는 내담자가 어린 시절 가까운 이웃으로부터 받은 상처를 기억해내도록 유도합니다.

무의식 한가운데 자리 잡은 상처가 고쳐지지 않는 한, 우리는 건강한 삶을 영위할 수 없기 때문입니다. 또한 내 안의 상처 때문에 남에게 더 큰 상처를 주게 되어 성숙한 인간관계를 깨뜨립니다.

아픈 상처를 기억하는 것이 지금은 괴롭고 고통스럽다 해도 다음 단계인 이해와 용서, 화해로 발전할 수 있다면 이 기억이야말로 꼭 필요한 과정일 것입니다.

그러나 이보다 더 중요하고 창조적인 기억이 있다면, 그것은 하나님을 만난 기억이 아닐까 싶습니다.

예수님을 영접한 기억, 성령 충만했던 기억, 내 이웃을 뜨겁게 사랑했던 기억을 떠올리는 일은 우리의 삶을 풍요롭게 하는 열쇠가 될 것입니다.

그 때문에 사도 바울을 비롯한 신앙의 위대한 스승들은 회심의 기억을 소중히 간직하고 떠올리곤 했을 것입니다.

숨

사도행전

데오빌로여, 내가 먼저 쓴 글에는 무릇 예수께서 행하시며 가르치시기 시작
하심부터…

사도행전 1:1

사도행전은 사도들이 예수 그리스도의 증인이 되어 복음을 전파한 삶과 죽음의 기록입니다.

사도란 '보냄을 받은 자'라는 뜻으로, 이들은 예수님을 따라다니던 수준에서 벗어나 당당하게 복음을 들고 전 세계를 무대로 활동했습니다.

사도행전은 예루살렘에서 시작해 유대 사마리아, 그리고 땅끝까지 뻗쳐가는 복음의 힘을 보여줍니다. 이 힘은 성령의 힘입니다.

무한경쟁의 시대에 누구나 힘을 얻으려 몸부림칩니다. 힘 있는 자는 살고, 힘 없는 자는 죽습니다. '아는 것이 힘이다', 그래서 실력을 키우고, 무엇보다 커다란 힘인 돈을 얻으려 하고, 정치적 힘을 얻으려 권력에 모든 것을 걸기도 합니다.

그러나 성령의 힘은 내가 살기 위해 너를 죽이는 힘이 아니라, 너를 살리기 위해 내가 죽는 힘입니다.

정말 강한 힘은 내가 죽는 힘이 아닌가 합니다. 스데반이 죽고 사울이 살았듯이 말입니다.

코이노니아와 선교

오직 성령이 너희에게 임하시면 너희가 권능을 받고, 예루살렘과 온 유대와 사마리아와 땅끝까지 이르러 내 증인이 되리라.

사도행전 1:8

물체에는 구심력과 원심력이 있다고 합니다.

구심력은 안으로 향하는 힘이고, 원심력은 밖으로 향하는 힘입니다. 물체뿐만 아니라 교회에도 이 두 가지 힘이 작용한다고 봅니다.

교회의 구심력은 코이노니아에서 찾을 수 있고, 교회의 원심력은 선교에서 찾을 수 있습니다.

그리고 이 두 힘은 모두 성령에 근거한 것입니다. 성령의 충만은 안으로 그리스도인이 하나로 상통하고 교제하게 하며, 밖으로는 땅끝까지 뻗어나가도록 합니다.

예루살렘 교회의 구심력은 사도행전 2장 42절의 '서로 나누는 삶'이며, 원심력은 사도행전 8장 1절의 '온 땅으로 흩어지는 삶'입니다.

마찬가지로 구심력과 원심력은 오늘 우리 한국 교회에도 필요한 성령의 힘이며 방향입니다. 이 가운데 어느 한쪽이 약하거나 지나치게 강할 때, 교회는 기우뚱거리게 됩니다.

코이노니아와 선교, 이 둘의 조화는 건강하고 균형 잡힌 교회를 이루는 필요충분조건이 됩니다.

충만의 안과 밖

저희가 다 성령의 충만함을 받고 성령이 말하게 하심을 따라 다른 방언으로
말하기를 시작하니라.

사도행전 2:4

성령 충만을 성경은 헬라어로 구별하여 말합니다.

하나는 '플레레스Pleres'이고, 다른 하나는 '플레스테스Plesthes'입니다. 전자는 에베소서 5장의 성령 충만과 사도행전 7장의 스데반의 성령 충만, 후자는 사도행전 2장, 4장, 13장에 나타난 성령 충만입니다.

플레레스는 내적 충만으로, 사람의 몸이나 마음 또는 영 안에 가득 차는 내재적인 것이며, 플레스테스는 외적 충만으로, 방언이나 전도, 병 고침으로 나타나는 외부적 능력을 말합니다.

내적 충만은 우리가 예수를 믿을 때 시작되어 주님 앞에 가는 날까지 지속되는 것이며, 외적 충만은 특별한 경우에 하나님의 뜻을 드러내기 위한 일시적인 것입니다.

안의 충만은 내 안에서 아홉 가지 성령의 열매를 맺게 해주며, 밖의 충만은 일종의 은사로서 하나님의 나라를 위한 능력의 도구로 사용됩니다.

다른 방언

저희가 다 성령의 충만함을 받고 성령이 말하게 하심을 따라 다른 방언으로
말하기를 시작하니라.

사도행전 2:4

오순절에 마가 요한의 다락방에서 일어난 성령 충만의 첫 표증은 방언입니다. 다시 말해서 '다른 방언'이고, 좀 더 정확히 표현한다면 '여러 지방의 말'입니다.

갈릴리 사람들이 갈릴리어로 말할 때 타국에서 온 사람들이 알아듣지 못하는 것은 당연한 일입니다.

그런데 성령 충만한 갈릴리 사람들이 자기 방언(지방어)이 아닌 '다른 방언'으로 말한 것입니다. 이 때의 다른 방언이란 다른 지방 사람들이 알아들을 수 있는 말을 뜻합니다.

오늘날의 통역처럼, 평소에 쓰던 자국어가 아니라 남이 알아들을 수 있도록 외국어를 사용한 것입니다. 결국 서로 다른 말을 하던 사람들 사이에 의사소통이 일어난 것입니다.

성령 충만의 첫 표적은 언어적 기적이고, 이 기적은 내가 내 말이 아닌 남의 말을 하게 되면서 나와 남 사이에 막힌 담이 뚫리게 된 일입니다.

이것이 방언의 기적입니다.

안식일에서 부활일로

이 예수를 하나님이 살리신지라 우리가 다 이 일에 증인이로다.

사도행전 2:3

안식일은 하나님께서 6일 동안 천지를 창조하시고 일곱째 날에 안식하셨다는 창세기 2장 2절의 말씀에 근거한 것입니다.

하나님이 이 날을 특별히 복되고 거룩하게 하셨으므로 사람들도 이 날을 거룩한 날로 섬겨야 했습니다.

이것이 유대교의 가르침이며 따라서 안식일에 대한 유대인의 태도는 아주 엄격했습니다. 그들은 신성함, 금기(taboos), 엄격함을 통해 그들의 신앙을 지키려 했던 것입니다.

이 안식일에 대한 금기가 예수 그리스도에 의해 파기됩니다. 바로 이 말씀 때문이지요. "사람을 위하여 안식일이 있는 것이지 안식일을 위하여 사람이 있는 것이 아니다."(마가 2:27)

그는 안식일의 주인으로 이렇게 파격적인 선언을 하셨습니다. 그리고 부활 사건을 통해 그 자격을 입증해 보이셨습니다. 바로 안식 후 첫날에요. 안식 후 첫날의 기념, 이것이 기독교 예배의 시작이고 기독교 예배의 참뜻입니다.

안식의 본질은 부활이기 때문입니다. 금기가 파기되면서 비로소 사람은 축제를 누리게 된 것입니다.

작은 교회론

믿는 사람이 다 함께 있어 모든 물건을 서로 통용하고, 또 재산과 소유를 팔아 각 사람의 필요를 따라 나눠주며…

사도행전 2:44-45

『작은 것이 아름답다』
『작은 교회가 아름답다』
『작은 교회가 더 교회답다』

마치 캐치프레이즈 같은 책 제목입니다. 이 시대에 작은 교회를 말하는 이유는 작은 교회의 공동체성, 그리고 공동체성이 지닌 교회의 보편적 가치 때문입니다. 큰 교회를 지향하고, 이미 커진 교회를 운영하는 과정에서 자행되는 상업주의적이고 인위적인 여러 시도는 오히려 교회 밖으로 더 많이 알려진 듯합니다. 사라져가는 교회의 공동체성을 회복하기 위해 우리는 다시 작은 교회를 말하는 것입니다.

작은 교회가 중형 교회나 대형 교회로 가는 교회 성장의 한 과정이 아니라, 작은 교회가 지닌 본유의 가치와 본래적 당위성을 말하면서 교회다움을 되찾자는 운동이 일어나고 있습니다. 어린아이 같은 교회, 잘 자라지 못한 교회, 축복과 은혜가 부족한 교회, 그래서 걱정되고 안타깝고 부끄러운 작은 교회를 말하는 것이 아닙니다. 작지만 단단하고 튼튼하고 힘 있는, 아니, 작아서 더욱 건강하고 아름답고 더욱 교회다울 수 있는 교회, 이것이 작은 교회론의 핵심입니다.

우리가 끊임없이 추구해야 할 것은 교회의 교회다움이어야 하겠지요.

예수라는 이름

베드로가 이르되 은과 금은 내게 없거니와, 내게 있는 이것을 네게 주노니,
나사렛 예수 그리스도의 이름으로 일어나 걸으라 하고…

사도행전 3:6

하나님께서는 첫 사람 아담에게 동물의 이름을 지을 수 있는 권한을 주셨습니다. 아담은 살아있는 동물 하나하나의 이름을 불렀고, 그가 부른 대로 그것이 각 동물의 이름이 되었습니다.

사람은 이름을 지을 수 있는 존재입니다. 수천 가지 동물뿐 아니라 수만 가지 식물들이 사람을 통해 이름을 얻었습니다. 그냥 들풀이 아니라 민들레, 질경이, 그냥 들국화가 아니라 구절초, 쑥부쟁이, 그냥 노란 꽃이 아니라 산수유, 개나리입니다. 동식물뿐 아니라 사람도 이름이 지어지고 불리면서, 그가 지닌 고유한 개성과 인격이 형성됩니다. 사람은 그 이름대로 성향이나 삶이 바뀐다고 말하기도 합니다.

'예수'라는 이름이 있습니다.

성경은 그 이름을 '모든 이름 위의 뛰어난 이름'(엡 2:9)이라고 말합니다. 이 이름 앞에서 무릎이 꿇어지고, 신앙을 고백하게 됩니다.

예수 그리스도! 그 이름을 위해 산 사람, 그 이름으로 산 사람들의 이름이 사도행전에 기록되어 있습니다.

'베드로'라는 이름, '요한'이라는 이름이 그것입니다. 그들로 인해 앉은뱅이가 있던 '아름다운 문(美門)'이 정말 아름다워졌습니다. 그 이름 그대로.

뜻이 담긴 돌

이 예수는 너희 건축자들의 버린 돌로서 집 모퉁이의 머릿돌이 되었느니라.
사도행전 4:1

성경에서 돌이 중요한 것은 금강석이나 옥돌처럼 돌 자체의 어떤 가치가 있어서라기보다는 돌에 담긴 어떤 '뜻' 때문일 것입니다.

야곱이 베게 한 돌이나 요단강을 건넌 하나님의 사람들이 세운 길갈의 기념 돌이 어떤 종류의 돌인지 우리는 모릅니다. 어떤 종류의 돌이든 관계없이, 무엇을 뜻하는 돌이냐가 중요합니다.

야곱의 돌(창 31:45)은 '여기가 하나님의 집'이라는 신앙고백을 담고 있으며, 길갈의 돌(수 4:6)은 '우리가 약속의 땅을 밟게 되었다'라는 뜻을 가진 기념비였습니다. 이 뜻은 그 돌만큼이나 오래도록 이스라엘 백성에게 전해왔습니다.

돌이 다른 어떤 것보다 단단하고 오래가기 때문에 가치가 있겠으나, 실제로는 돌처럼 단단하고 오래갈 만한 다른 무엇에 더 큰 상징적 가치가 있는 것 아니겠습니까?

돌만큼 견고하게, 돌만큼 오랜 세월 변치 않고 지속되는 '어떤 것'을 우리는 지녔는지요. 그런 것이 있다면, 그것을 돌에 담아 간직하고 싶습니다.

보는 일과 듣는 일

빌기를 다하매 모인 곳이 진동하더니 무리가 다 성령이 충만하여 담대히 하
나님의 말씀을 전하니라.

사도행전 4:3

이스라엘의 예언자는 주위의 다른 나라와 달리 하나님을 눈으로 보려는 사람들의 종교적 욕구에 단호한 태도를 보였습니다.

그들에게 보이는 신은 우상이었습니다. 참 하나님의 사람은 오로지 하나님의 음성을 들을 수 있을 뿐이었습니다.

듣는 일은 보는 일에 비해 훨씬 더디고 답답합니다. 그것은 빛과 소리의 차이만큼이나 큽니다. 번개가 '번쩍'하고 난 뒤 얼마간 기다려야 '우르릉 쾅' 소리가 들립니다.

현대인은 당연히 이런 기다림을 답답해합니다. 그래서 영상 시대를 즐기는지도 모르겠습니다.

그러나 성경은 '믿음이 들음에서 생긴다'(롬 10:17)라고 말하며, 이 들음을 위해 우리는 기도합니다. 기도는 하나님이 사람의 말을 듣고, 또 사람이 하나님의 말씀을 듣는 일입니다.

듣기 위해서, 세미한 음성을 더 잘 알아듣기 위해서 두 눈을 감는 것인지도 모르겠습니다. 보는 일을 멈출 때, 비로소 하나님의 음성이 들립니다. '들음'이라기보다는 '들림'이라 할 것입니다.

경외심

아나니아가 이 말을 듣고 엎드러져 혼이 떠나니, 이 일을 듣는 사람이 다 크
게 두려워하더라.

사도행전 5:5

하늘을 우러러 한 점 부끄럼 없이 살기를 원했던 시인의 마음을 '경외심'이라고 말하고 싶습니다. 경외심은 하나님 앞에서 두려워할 줄 아는 마음이나 태도입니다.

벧엘에서의 야곱(창 28:17), 시내산에서의 모세(히 12:21), 그리고 빌립보교회에 편지를 쓰는 바울(빌 2:12)은 모두 이러한 두려움으로 하나님을 뵈었습니다.

경외심은 단순한 공포심과는 다릅니다. 공포가 불안한 심리에서 비롯된 병적 현상이라면, 경외는 건강하고 바른 사람의 겸손한 태도며 진실한 고백입니다.

하나님을 공포의 대상으로 보는 것이 신앙이 아니듯, 하나님을 두려워하지 않는 것 또한 참 신앙일 수 없습니다.

하늘을 두려워하는 학자, 하늘을 두려워하는 장관, 하나님을 두려워하는 목회자, 하나님을 두려워하는 교인, 그리고 이러한 사람을 존중하고 아낄 줄 아는 사회. 늘 하늘을 우러르며 살았던, 그런 시인이 살아있는 사회에서 살아갈 수는 없을까요?

사랑의 의술

예루살렘 근읍 허다한 사람들도 모여 병든 사람과 더러운 귀신에게 괴로움
받는 사람을 데리고 와서 다 나음을 얻으니라.

사도행전 5:6

생명이 있는 곳에 질병도 있습니다. 그리고 이 질병은 우리의 생명을 위협하며 늘 괴롭힙니다.

성경에도 온갖 병에 대한 기록이 나옵니다. 페스트와 장티푸스 같은 전염병, 열병이나 피부병, 중풍이나 혈우병, 정신병이나 간질 등. 이러한 병의 치료제로 유황이나 몰약, 연고와 기름, 포도주와 우슬초, 박하, 회향, 근채 같은 약초도 소개됩니다.

예수님이 세상에서 하신 활동 중에서 치유의 사역은 말씀 사역이나 제자 훈련 못지않게 중요한 일이었습니다. 그는 여러 병을 고치셨고, 수많은 환자가 병을 고치려고 그를 따랐습니다. 그러나 예수님이 병을 고치신 것은 초능력의 과시 같은 것이 아니었습니다.

그는 병에 시달리는 사람을 긍휼히 보셨고, 측은하게 생각하셨고, 이들이 당하는 아픔에 깊이 통감하셨습니다.

그의 치유는 소위 인격 치유로서, 환자의 아픔을 자신의 것으로 삼으려는 사랑의 의술이었습니다.

교회의 문제

그때 제자가 더 많아졌는데, 헬라파 유대인들이 자기의 과부들이 매일의 구
제에 빠지므로 히브리파 사람을 원망하니…

사도행전 6:1

교회는 일반 사회와 비교해 무엇인가 달라야 합니다.
그래서 우리는 교회의 교회다움과 교회의 개혁을 말합니다.
그런데도 교회는 언제나 문제 가운데 있을 수밖에 없습니다.
크고 작은 문제가 생기고, 이 때문에 갈등과 상처가 발생합니다.

역사상 처음 세워진 예루살렘 교회의 문제가 사도행전 6장에 나타났다는 점은 그런 면에서 우리에게 적지 않은 위로가 됩니다.

사도들에 의해 직접 이루어진 목회, 그렇게도 성령이 충만했던 교우들, 세계의 역사를 바꿀 만한 위대한 모임, 그런데도 그 교회 안에서 불평을 터뜨린 자들이 있었습니다.

불평의 내용은 불공정하게 처리된 구제에 관한 문제였습니다. 그리스어를 하는 유대 사람이 히브리어를 하는 유대 사람에게 품은 불만이었습니다.

문제가 있고 없음이 아니라, 문제를 어떻게 보고 풀어가느냐가 핵심입니다.
문제가 없기를 바라기보다는 문제를 어떻게 받아들일까가 더 중요하다고 봅니다.

반감의 또 다른 모습

그들이 이 말을 듣고 마음에 찔려 그를 향하여 이를 갈거늘…

사도행전 7:54

'반감反感'이란 말 그대로 감정을 건드려 기분 나쁘게 만드는 것이며, '공감共感'이란 그 반대로 감정에 맞추어 기분 좋게 만드는 것입니다. 그래서 사람은 누구나 반감보다는 공감을 선호하게 마련입니다.

'대중大衆'자가 들어가는 매체(영화, 음악, 소설, 그림, 드라마, 노래, 스포츠)에 종사하는 사람들은 대중의 기호에 예민합니다.

따라서 반감을 극소화하고 공감을 극대화하려고 애씁니다. 그리고 이 공감이 점차 호감을 불러일으킬 때, 그들은 소위 '성공'합니다.

우리는 〈친구〉라는 영화의 공감대 안에서 살고 있습니다. 우리는 주위 친구들 때문에 기분 좋고 살맛을 느끼면 삶의 기력을 얻기도 합니다.

그러나 가끔은 나를 좋아했던 친구가 아니라 나를 싫어했던 친구의 얼굴이 떠오르기도 합니다. 그때라면 반감도 호감으로 바뀌지 않겠습니까?

두 얼굴이 한 사람일 수도 있을 테니까요.

예언자와 대중

그들이 큰 소리를 지르며 귀를 막고 일제히 그에게 달려들어 성 밖으로 내치고 돌로 칠 새 증인들이 옷을 벗어 사울이라 하는 청년의 발 앞에 두니라.

사도행전 7:57-58

구약성경 39권 중에서 예언서는 모두 17권으로,
큰 부분을 차지하고 있습니다.

이 17권의 주인공인 예언자 외에도 여러 다른 예언자들이 나옵니다.
이들 예언자 대부분이 생전에는 대중에게 크게 인정받지 못했습니다. 오히려
거짓 예언자들에 가려 참 예언성을 의심받기도 했고, 돌팔매질의 대상이 되
기도 했습니다. 거짓 예언자들의 농간 때문이었겠지요.

대중은 때때로 거짓 예언자의 유혹에 넘어가곤 합니다. 비교적 냉정하고 판
단력이 뛰어난 사람이라 할지라도 대중의 휘몰이에 견디기란 그리 쉽지 않습
니다. 그러나 거짓 예언자는 결코 대중을 사랑하지도, 대중을 위하지도 않습
니다. 오히려 이용할 따름이지요.

자신의 영달과 정치적 목적이나 야심을 위해 이용하려 드는 사람이야 두말
할 나위도 없지만, 이용당하는 사람들도 그 책임을 면하기 어렵습니다.

언젠가 "그 피를 우리와 우리 자손에게 돌리라"(마태 27:25)라고 외쳐댈는지
알 수 없는 노릇이기 때문입니다.

제자입니까?

경건한 사람들이 스데반을 장사하고 위하여 크게 울더라.

사도행전 8:2

오래전 몇 부부와 성경공부를 했는데, 그때 보았던 책의 제목입니다. 이 말은 아르헨티나의 목회자 후안 카를로스Juan Carlos가 던진 질문이며, 그의 목회 방향이기도 합니다. 습관적 예배 참석, 형식적 교회생활, 부담 없는 기독교인으로 살아가는 교우들이 이 목회자를 만나 도전받고 거듭나는 과정이 그려져 있습니다.

그때 이 책을 나누었던 부부들이 지금 이 질문을 다시 만난다면 어떻게 대답할까 생각해봅니다.

①예 ②아니오 ③잘 모르겠는데요 ④좀 더 생각해 봐야겠어요
이 중에서 정답은 몇 번일까요?
①번이라고요?

그러나 저는 답을 맞히라는 게 아니고, 이 질문의 참뜻과 그에 대한 솔직한 대답을 기대하는 것입니다.

저는 이 질문을 여러분께 다시 한 번 드리고 싶습니다. 그리고 이에 덧붙여 한 가지 더 묻고 싶은 게 있습니다. 그것은 다름 아닌 이 질문의 주기입니다. 얼마 만에 한 번씩 이 물음을 던지는 게 좋겠습니까?

①일주일에 한 번 ②한 달에 한 번 ③매일 아침 ④일 년에 한번

참이란 말

그 성에 시몬이란 사람이 전부터 있어 마술을 행하여 사마리아 백성을 놀라
게 하매 자칭 큰 자라 하니…

사도행전 8:9

참나무, 참기름, 참새를 비롯해 차돌, 찰떡, 찹쌀 등의 변형에 이르기까지, 우리가 무심코 사용하는 말 가운데 '참'으로 시작되는 단어가 적지 않습니다.

우리나라 사람들은 삶의 주위를 '참'으로 이름 지으며 살아왔습니다. 참으로, 우리는 '참'을 좋아합니다. '참'을 명사로, 형용사로, 부사로, 감탄사로, 또 접두사로 사용합니다.

이렇게 하나의 말을 갖가지 품사로 다양하게 쓰는 나라가 또 어디 있는지요. 참은 먹거리가 되기도, 놀라움이 되기도 하지 않습니까?

우리에게 '참'은 올바름이며, 착함이며, 좋음입니다. 사람과 사람 사이, 사람과 자연 사이에 넣을 수 있는 가장 아름다운 우리말이 바로 '참'입니다.

그래서 이 '참'을 더 많이 쓰고 싶어집니다. 나에게도, 그리고 하나님에게도. 이렇게 말입니다.

참나,
참너,
참하나님,
참믿음,
참말,
참사람,
참세상,
참삶…

세례

이에 명하여 수레를 멈추고 빌립과 내시가 둘 다 물에 내려가 빌립이 세례를
베풀고…

사도행전 8:38

세례는 기독교의 입교식이며 교회의 정회원이 되는 출발입니다. 세례를 통해 한 사람은 정식으로 기독교인이 되며, 그가 속한 교회에서 일정한 의무와 권리를 다하게 됩니다.

세례 예식의 뿌리는 기원전 이스라엘 쿰란Qumran공동체의 입단식(정화 예식)에서 찾을 수 있으며, 세례 요한의 회개 예식도 이 세례를 통해 나타납니다.

예수님은 세례 요한에게 세례를 받으시는 것으로 자신의 메시아적 사명을 시작했습니다. 또한 바울은 세례를 '옛사람이 그리스도와 함께 십자가에 못 박혀 죽고, 새 사람으로 거듭나는 순간'으로, 일종의 수장水葬 예식으로 해석합니다.

따라서 '세례를 받았다'라는 말은 다음과 같은 뜻을 가집니다.

'옛사람이 죽었습니다. 거듭났습니다.
예수 그리스도와 하나가 되었습니다. 그리스도인이 되었습니다.
예수 그리스도의 몸 된 교회를 위해 봉사합니다.
이 세상에서 소금으로, 빛으로 살아갑니다.'

하나님 체험

사울이 길을 가다가 다메섹에 가까이 이르더니 홀연히 하늘로부터 빛이 그를 둘러 비추는지라.

사도행전 9:3

우리 그리스도인에게 중요한 것은 하나님을 만나는 일일 것입니다. 물론 하나님과의 만남은 예배와 기도, 말씀과 찬양, 그 밖의 일상을 통해서도 가능할 것입니다. 그러나 이것은 '하나님 체험'이라는 어떤 큰 만남 때문에 가능한 것입니다.

일상에서 하나님과의 만남은 어떤 큰 체험을 전제로 한 것이며, 그 체험을 기억하고 확인하는 것입니다. 만일 우리에게 이러한 큰 만남이 없다면 매주 드리는 예배와 일상에서 떠올리는 하나님에 관한 생각이나 느낌은 단순히 스쳐 가는 종교적 감정에 그칠 것입니다.

하나님 체험이라는 큰 만남의 좋은 예는 사도 바울입니다. 그는 다마스쿠스로 가는 길에서 이런 체험을 했습니다. 하늘로부터의 환한 빛, 땅에 엎어짐, 하늘의 음성, 보이지 않고 먹지 못한 사흘. 이것은 일종의 영적 몸살로, 죽음과 삶의 동시적 체험입니다.

마치 어머니 뱃속의 태아가 태어나면서 자궁의 삶에서 새로운 세상의 삶으로 바뀌듯 말입니다.

안의 삶에서 바깥의 삶, 육적인 삶에서 영적인 삶, 땅의 삶에서 하늘의 삶, 나 중심의 삶에서 하나님 중심의 삶, 체험은 변화고 변화는 곧 체험입니다.

바울의 말과 글은 이 큰 체험의 설명이며 해석이라 할 수 있습니다.

영적 산파 두 사람

아나니아가 떠나 그 집에 들어가서 그에게 안수하여 이르되, 형제 사울아 주,
곧 네가 오는 길에서 나타나셨던 예수께서 나를 보내어 너로 다시 보게 하시
고 성령으로 충만하게 하신다 하니…

사도행전 9:17

소크라테스는 자신을 진리를 낳도록 돕는 '산파'라고 생각했습니다. 산파는 사람 안에 깊이 잉태된 태胎진리를 하나의 완전한 진리로 태어나도록 돕는 조력자란 뜻입니다.

우리의 영적 탄생에도 산파가 필요합니다. 에티오피아의 내시에게는 빌립이, 사울에게는 아나니아가 바로 그러한 역할을 한 사람이었습니다.

지금 우리가 이만한 믿음으로 교회 생활을 하게 된 데도 영적 산파 역할을 한 사람이 있었을 것입니다.

그런데 특이한 점은 이런 산파의 역할이 자신의 기호나 선택이 아니라 하나님의 일방적 명령과, 그에 대한 무조건적 순종의 차원에서 이루어진다는 것입니다. 이것을 우리는 '사역'이라고 말합니다.

내가 생각하고, 좋아하고, 하고 싶어 하는 것은 취미나 직업일 수는 있어도 사역은 아닙니다. 빌립이나 아나니아는 전문 사역자라기보다 평신도에 가깝습니다. 그러나 그들은 '영적 산파'로서의 사역을 감당했습니다.

이 두 사람이 있었기에 아프리카의 복음화도, 위대한 바울의 탄생도 가능했던 것입니다.

돛과 닻

음식을 먹으매 강건하여지니라. 사울이 다메섹에 있는 제자들과 함께 며칠
있을 새…

사도행전 9:19

돛단배를 보신 적이 있지요?

파란 하늘을 품어 안으며 검푸른 바다를 두둥실 떠가는 작은 돛단배 하나.
멀리서 보면 배는 그냥 돛으로만 보입니다. 돛이 곧 배인 것 같습니다. 돛단
배는 이 돛으로 힘도 얻고 방향도 잡습니다. 돛이 곧 엔진이고 운전대입니다.
돛이 없는 돛단배는 있을 수 없지요.

이에 못지않게 배에 중요한 것이 또 하나 있습니다.

그것은 닻입니다. 돛이 바다 항해를 위한 것이라면 닻은 정박하기 위한 것입
니다. 항해에 지친 배가 포구에 들어와 쉽니다. 배가 쉬는 동안 선장은 배의
여기저기를 돌아보며 점검도 하고, 수리도 하고, 어떤 것은 새것으로 바꾸기
도 합니다. 이런 일을 하는 데 꼭 필요한 것이 닻입니다. 닻은 배를 고정하고,
안정시키고, 편히 쉬게 합니다.

돛을 잡고 올릴 때와 닻을 잡고 내릴 때를 아는 것이 지혜입니다. 이 오르내
림에 대한 선장의 지혜가 곧 배의 건강입니다.

나를 잡아준 사람

바나바가 데리고 사도들에게 가서 그가 길에서 어떻게 주를 보았는지와 주께서 그에게 말씀하신 일과 다메섹에서 그가 어떻게 예수의 이름으로 담대히 말하였는지를 전하였느니라.

사도행전 9:27

'자수성가自手成家'라는 말이 있지만, 엄밀한 의미에서 성공이나 출세에는 누군가의 뒷받침이 있었다고 봅니다.

그뿐만 아니라 나를 잡아 이끌어준 사람도 있었을 것입니다.

누군가가 나를 지목하여 불러주었고,
인정해주었고,
끌어주었고,
데뷔하게 해주었습니다.

아무런 도움 없이 맨주먹으로 일어섰다고 생각할지라도, 혼자서 북 치고 장구 치고 했을지라도, 이러한 나를 누군가 지켜보고 평가해주고 잡아준 것입니다.

나를 잡아준 그 손길을 기억한다면,
나 역시 필요한 누군가에게 그런 손길이 되어줄 수 있을 것입니다.

환대의 공동체

그리하여 온 유대와 갈릴리와 사마리아 교회가 평안하여 든든히 서가고 주를 경외함과 성령의 위로로 진행하여 수가 더 많아지니라.
사도행전 9:31

『상처 입은 치유자(*The Wounded Healer*)』라는 책으로 유명한 헨리 나우웬 Henri Nouwen은 상처를 새로운 각도에서 보게 해준 사람입니다.

상처를 치유의 원천으로, 다시 말해 우리가 입은 상처가 다른 사람들에게 생명의 원천이 된다는 적극적이고 긍정적인 시각을 전해줍니다.

그는 이 치유의 과정에서 가장 중요한 점을 '환대'라고 합니다. 환대란 손님에 게 평안하고 자유로운 공간을 제공하는 것입니다. 이 공간에서 피곤하고, 지 치고, 상처받은 손님이 회복(치유)된다는 것입니다. 저는 이러한 환대의 경험 을 소중한 기억으로 간직하고 있습니다.

환대받은 자로서 저 또한 이러한 환대를 실행하려 노력하며 삽니다. 헨리 나 우웬은 이런 환대와 치유가 일어나는 현장을 '공동체'라고 말합니다.

심방을 하고, 심방을 받으면서, 우리 교회 가정들은 아름다운 환대를 경험하 고 있다는 느낌이 듭니다. 심방을 받는 분들은 그 집을 찾는 목회자와 일행 을 환대하는 마음으로 여러 가지를 준비합니다.

마찬가지로 방문자도 이와 같은 환대의 마음이 필요합니다. 환대와 환대의 만남이 바로 심방 아닐까요?

환상

이르되 내가 욥바 시에서 기도할 때 황홀한 중에 환상을 보니, 큰 보자기 같
은 것이 네 귀에 매어 하늘로부터 내리어 내 앞까지 드리워지거늘…
사도행전 11:5

어부 출신인 베드로의 세계는 갈릴리입니다.

갈릴리 바다,
갈릴리 땅,
갈릴리 사투리,
갈릴리 음식 등,
갈릴리로 평생을 살아온 사람이 베드로입니다.
그의 모든 세계는 갈릴리라 할 수 있습니다.

이러한 세계관은 예수를 만난 뒤에도 마찬가집니다. 물고기에 관한 관심에서 사람에 관한 관심으로 그 대상이 바뀌기는 했지만, 그마저도 갈릴리 사람, 아직 이스라엘을 벗어나지 못하는 한계 속에 살았던 사람이 베드로입니다. 그 베드로가 자신의 한계를 넘어서야 할 때가 왔습니다.

성령의 힘과 방향이 '예루살렘→유다→사마리아→땅끝'인데 어떻게 그 땅끝으로 달려갈 수 있을까요? 이러한 한계 상황에서 나타난 현상, 이것이 환상(vision)입니다.

환상이 없으면 한 발자국도 내딛지 못합니다. 나, 내 것, 내 가족, 내 위주, 내 마음, 이런 것들이 바로 갈릴리식 한계입니다.

베드로가 본 환상 안에 고민하는 사람 고넬료가 있습니다. 고넬료는 베드로가 갈릴리에서의 삶에 종지부를 찍고 땅끝으로 발을 내딛도록 해준 첫 인물입니다.

예루살렘에서 안디옥으로

예루살렘 교회가 이 사람들의 소문을 듣고 바나바를 안디옥까지 보내니…

사도행전 11:22

역사적으로 최초의 교회는 예루살렘 교회입니다. 그것은 예루살렘이 이스라엘의 수도인 동시에 정치와 문화의 중심지였고, 예수님의 제자들이 부활의 신앙을 가지고 모였던 곳이기 때문일 듯합니다.

오순절에 120여 명이 모인 마가의 다락방이 있던 곳도, 성령의 충만과 방언의 기적이 일어난 곳도, 베드로와 열한 사도가 소리 높여 말씀을 외친 곳도 바로 예루살렘입니다.

그러나 스데반의 죽음 이후 적지 않은 사람들이 박해를 피해 여러 곳으로 흩어졌는데, 그중에서도 중요한 지역이 바로 안디옥입니다. 이 도시는 예루살렘으로부터 600여 킬로미터 북쪽에 있으며, 로마제국 당시 로마와 알렉산드리아에 이어 제3의 도시로 번창한 곳이었습니다.

그곳은 유대인과 유대 문화보다는 시리아인과 그리스 문화가 주류를 이루고 있었습니다. 이곳에 안디옥 교회가 세워진 것입니다.

하나님의 교회가 예루살렘에서 안디옥까지 퍼져갔다는 것은 단순한 지리적 확장 이상입니다. 그것은 유대인만의 그리스도가 아닌 이방인의 그리스도, 지역을 초월한 복음의 보편성과 세계성이라는 의미가 있습니다. 성령의 방향과 더불어 교회에도 방향이 필요합니다.

예루살렘에서 안디옥으로, 이것이 교회의 방향, 곧 선교의 본질입니다.

등 뒤로 나있는 문

이에 첫째와 둘째 파수를 지나 시내로 통한 쇠문에 이르니 문이 저절로 열리
는지라. 나와서 한 거리를 지나매 천사가 곧 떠나니라.
사도행전 12:10

"닫힌 문을 너무 오랫동안 쳐다보고 있으면 열려있는 등 뒤의 문은 보지 못한다." (헬렌 켈러Helen Keller)

지하철역의 벽면에 걸려있는 글귀입니다. 그 지하철역에서 연결된 문으로 어느 서점에 들렀더니 새뮤얼 헌팅턴Samuel Huntington의 『문명의 충돌(*The Clash of Civilizations*)』이란 책은 이미 동이 났더군요.

문명의 공존을 역설한 책은 그대로 두고, 저는 이슬람에 관한 책을 한 권 사들고 왔습니다. 약속 날짜를 잘못 기억하고 나간 엊그제의 일이었습니다.

몇 년 전 〈딥 임팩트(Deep Impact)〉라는 영화를 가족과 함께 보며 '임팩트'란 단어의 뜻을 묻는 아이에게 그 뜻을 알려주던 일이 떠오릅니다. 우리는 별 충격 없이 영화 속의 충돌을 이야기했습니다. 그러나 지금 온 세계가 영화관 밖의 충돌로 큰 충격 속에 어찌할 바를 모릅니다. 충돌보다 더 무서운 충격입니다.

야고보가 죽고 베드로가 투옥되는 예루살렘 교회의 박해 속에서 감옥의 철문이 열렸던 일(행 12:6-9)을 기억하며, 닫힌 앞문과 열린 등 뒤의 문, 이 두 개의 문을 떠올려봅니다.

그리고 기도합니다. 우리 모두의 등 뒤로 길이 나있기를….

바나바와 바울

주를 섬겨 금식할 때 성령이 이르시되 내가 불러 시키는 일을 위하여 바나바
와 사울을 따로 세우라.

사도행전 13:2

바나바는 예루살렘 교회가 세워지던 때부터 교회의 큰 기둥이었습니다. 영적으로도 사도들로부터 '위로의 아들'로 불렸으며 공동체를 위해 재산을 헌납했던, 그야말로 물심양면 큰 힘이 되었던 사람입니다.

바울은 이렇게 자라나는 교회를 박해하던 인물로, 스데반의 처형에 가담하고 다마스쿠스까지 원정을 떠나 믿는 자들을 못살게 굴던 사람입니다.

이렇게 배경이 전혀 다른 두 사람이 안디옥 교회에서 만납니다. 물론 처음에는 바나바가 먼저 예루살렘 교회로부터 파송되었고, 이후에 다소에서 외롭게 지내던 바울을 안디옥 교회의 사역자로 청해 함께 동역했습니다.

그런데 이 안디옥 교회의 예언자들과 교사들이 주께 예배드리며 금식하고 있을 때 성령의 말씀이 들립니다.

'너희는 나를 위해서 바나바와 바울을 따로 세워라.' 같이 일하는 두 사람을 함께 세우지 않고, 왜 따로 세우도록 하셨을까?

'함께'와 '따로'에 대한 공동체적 의미는 어떤 것일까 생각해봅니다.

교회개혁주일

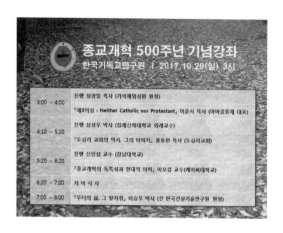

또 모세의 율법으로 너희가 의롭다 하심을 얻지 못하던 모든 일에도 이 사람
을 힘입어 믿자 자마다 의롭다 하심을 얻는 이것이라…

사도행전 13:39

일반적으로 종교개혁이라고 말하지만 좀 더 정확한 뜻은 교회개혁입니다.

1517년 마르틴 루터Martin Luther가 비텐베르크Wittenberg성당 '테제의 문'에 내걸었던 95개조의 항의문이 불씨가 되어 온 유럽의 교회와 사회가 뒤흔들렸던 일, 전 유럽이 새로운 시대를 향한 문을 열게 된 사건입니다.

당시의 중세 교회는 순수한 믿음의 모임이 아닌 일종의 권력기관이었습니다. 로마의 베드로 성당은 돈과 힘과 크기의 상징이 되었고, 성직자들은 성경보다는 교회법, 믿음보다는 자기 의義를 과시하는 모습이었습니다.

루터, 부쩌, 칼빈, 멜랑히톤, 쯔빙글리, 뮌쩌, 위클리프 등의 개혁자들은 이러한 상황에서 교회가 무너져 내리는 소리를 들었습니다.

그들의 외침은 '은총만으로, 믿음만으로, 성경만으로'였습니다. 그 길만이 교회가 사는 길이었기 때문입니다.

복음과 땅끝

주께서 이같이 우리에게 명하시되 내가 너를 이방의 빛으로 삼아 너로 땅끝
까지 구원하게 하리라 하셨느니라 하니…

사도행전 13:47

'복음'이란 복된 소식, 기쁜 소식이란 뜻입니다.

하나님의 아들이자 메시아로 믿었던 스승 예수님이 십자가에 처형되었을 때, 그를 따르던 제자들의 절망을 상상할 수 있습니다. 그런데 그분이 다시 살아나셨고, 알고 보니 십자가에서의 죽음도 이 땅의 죄를 해결하기 위한 구원의 길이었습니다.

보통 사건이 아니지요. 이 큰 사건에 대한 소식, 이것이 바로 복음입니다.

바울과 바나바는 이 사실을 전하려고 예루살렘과 안디옥을 떠나 땅끝으로 발걸음을 향했습니다. 지금 자신이 서있는 자리가 땅끝임을 경험한 사람들만 땅끝으로 갈 수 있습니다.

복음을 복음으로 알아들을 수 있었던 그 자리가 바로 자신의 끝이었기 때문입니다.

땅끝은 복음의 시작이고, 복음은 땅끝에서 들리는 하늘의 소리입니다.

비움과 채움

제자들은 기쁨과 성령이 충만하더라.

사도행전 13:52

살아있는 생명체의 특성은 생물학적인 신진대사 작용에 있다고 합니다. 이 작용이 얼마나 활발한가에 따라 건강 상태가 판단됩니다.

몸의 신진대사, 심장의 펌프질, 허파의 날숨과 들숨이 건강의 기준이 되듯, 비움의 신진대사도 그 못지않게 중요하다고 봅니다. 영적인 비움과 채움의 지속적인 대사 작용 말입니다.

비워야 채워진다고 할까요, 비우기 위해 채운다고 할까요. 비움과 채움의 반복적 지속, 비움과 깨어짐을 통해 얻는 기쁨이 있습니다.

우리 그리스도인의 성령 충만이 그런 기쁨 아닐까요?

나를 비움으로 하나님을, 이 세상의 것을 버림으로 영의 세계를, 이 땅의 것을 깨뜨림으로 하나님 나라가 세워지는 비움과 채움의 건강한 신앙 말입니다.

과거 돌아보기

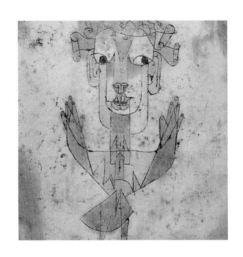

가로되 여러분이여 어찌하여 이러한 일을 하느냐 우리도 너희와 같은 성정을 가진 사람이라 너희에게 복음을 전하는 것은 이 헛된 일을 버리고 천지와 바다와 그 가운데 만유를 지으시고 살아계신 하나님께로 돌아오라 함이라.

사도행전 14: 15

파울 클레Paul Klee가
그런 〈새로운 천사(Angelus Novus)〉라는 작품이 있습니다.

이 그림의 천사는 자신이 응시하는 것들한테서 떨어져 안타까워하는 모습으로 묘사되어 있습니다. 천사는 커다란 두 날개로 지나간 시간 속에서 부서진 영혼의 잔해들을 불러 모아 생기를 불러일으키려 하지만, 어디선가 불어 닥치는 강한 폭풍 때문에 꼼짝달싹 못하며 안타까워하고 있습니다.

과거를 향해 날아가려 하지만 맞바람이 너무 세게 불어 도저히 원하는 곳에 닿을 수 없는 것입니다.

'과거 돌아보기'가 필요한 때입니다. 앞만 바라보며 열심히 살아왔으나, 이제는 지나간 세월을 돌아볼 때가 된 것입니다.

과거를 바라보는 일은 미래를 바라보는 것보다 더 큰 용기와 정직함이 요구됩니다.

되돌아온 그 자리

거기서 배 타고 안디옥에 이르니 이곳은 두 사도의 이룬 그 일을 위하여 전
에 하나님의 은혜에 부탁하던 곳이라.

사도행전 14:26

사도행전 14장은 1차 선교 여행을 마친 바울과 바나바가 안디옥 교회로 돌아와 선교 보고를 하는 내용입니다.

안디옥 교회는 바울과 바나바가 키운 교회였으며, 이 두 사람을 최초의 선교사로 파송한 교회였습니다.

2년 정도의 여행 동안 이들에게는 보통 사람들이 평생 겪을 만큼의 엄청난 사건들이 일어났습니다.

항해의 위험, 도시에서의 박해, 돌에 맞아죽을 정도의 위기 등. 그러나 이방 사람들이 복음을 전해 듣고 크게 기뻐한 일, 놀랄만한 표적, 평생 걸어본 적이 없는 앉은뱅이가 일어난 일, 그래서 이들은 제우스와 헤르메스로 칭송 받기도 했지요.

이제 이 두 사람은 아픔과 기쁨을 뒤로 하고 떠났던 그 안디옥 교회로 되돌아왔습니다. 그리고 자신들의 선교활동을 회중 앞에서 보고합니다.

지금 그 자리는 떠났던 자리이며 다시 돌아온 자리입니다. 지금 우리도 이런 자리에 서있습니다. 이 자리에서 우리는 지나간 시간을 어떻게 보고하고 있는지요?

다시 세우는 사람들

이후에 내가 돌아와서 다윗의 무너진 장막을 다시 지으며 또 그 허물어진
것을 다시 지어 일으키리니…

사도행전 15:16

사람이나 나무에 수명이 있듯이 집도 수명이 있습니다. 유럽에서는 사오백 년 된 건물을 쉽게 볼 수 있는데, 우리나라 아파트는 삼사십 년이면 다시 헐고 지어야 하는가 봅니다. 처음 지을 때 좀 더 길게 앞을 내다보았으면 좋았을 것 같습니다.

교회의 수명은 얼마나 될까요? 교회는 영원한 것 아니냐고 반문하는 분도 있겠으나, 이 땅에 영원한 게 어디 있겠습니까?

사도들이 직접 세운 예루살렘 교회도 기념탑 정도로 남아있고, 사도 요한이 계시록에서 말한 대표적인 일곱 교회도 흔적만 남긴 채 침묵하고 있습니다.

한번 세울 때 길게 내다보고 잘 세우는 것도 중요하지만, 헐어야 할 때는 과감하게 헐고 다시 세우는 일도 필요합니다.

처음 세우는 사람들도 귀하지만, 무너진 성을 일으켜 세우듯 다시 교회를 세우려는 사람들이 있어야 합니다.

이들이 바로 이 땅의 젊은이들 아닌가 합니다.

닫힌 공동체와 열린 공동체

서로 심히 다투어 피차 갈라서니 바나바는 마가를 데리고 배 타고 구브로로 가고…

사도행전 15:39

공동체를 지향하는 교회. 그러나 '공동체'만큼 다양한 의미로 쓰이는 말이 없을 정도로, 이 말은 쓰는 사람에 따라 다르게 표현됩니다.

예를 들어 가정이나 학교, 지역을 공동의 장場으로 서로 돕고 나누는 일도 공동체의 한 모형이 될 것입니다.

그러나 이러한 모형이 때로는 바람직한 공동체가 아니라 반反 공동체라는 악영향을 끼칠 수도 있습니다.

최근 우리나라 공동체에 가장 큰 장애물이 혈연·학연·지연이라고 하지 않습니까? 자신이 속한 집단을 특수화하거나 강화해서 얻는 이익에 편승하려 한다면, 이것은 우리가 지향하는 공동체가 아니라 닫힌 공동체의 모습이겠 지요.

참된 공동체는 자신이 속한 집단보다 더 큰 세계를 향하여 부단히 자신을 개방할 때, 즉 타자를 향해 닫힌 문을 열어젖힐 때 가능하리라 생각됩니다.

디모데

바울이 더베와 루스드라에도 이르매 거기 디모데라 하는 제자가 있으니 그
모친은 믿는 유대 여자요 부친은 헬라인이라…

사도행전 16:1

디모데는 바울의 1차 선교 여행 때 루스드라에서 복음을 받아들여 전도자가 되고 후에 훌륭한 목회자가 된 사람입니다.

그는 유대적 모계 혈통과 헬라적 부계 혈통 사이에서 신앙으로는 돈독한 유대전통을, 문화적으로는 폭넓은 헬라전통을 따라 성장한 것으로 보입니다.

그리고 이 양립적 요소가 바울을 만나면서 성장하고 승화될 수 있었습니다. 어찌 보면 반립과 갈등으로 끝날 수도 있었던 이 두 요소를 아름답게 꽃피울 수 있었던 결정적 계기는 바울과의 만남이었다고 할 수 있습니다.

그 후로 디모데는 바울의 충실한 제자로 그와 늘 함께 있었습니다. 바울은 사랑하는 제자 디모데의 이름을 고린도후서, 빌립보서, 골로새서, 데살로니가후서, 빌레몬서에서 인사말로 자신의 이름과 함께 쓰고 있습니다.

예수님에게 요한이 있다면 사도 바울에게는 디모데가 있습니다. 요한이 스승 예수님의 사랑이며 기쁨이었다면 디모데 또한 스승 바울의 사랑이며 기쁨이었습니다.

성령을 믿습니까?

성령이 아시아에서 말씀을 전하지 못하게 하시거늘… 예수의 영이 허락하지
아니하시는지라.

사도행전 16:6, 7

"성령을 믿사오며"

주일 아침 예배 시간에 드리는 사도신경의 고백 가운데 한 부분입니다.

성부 하나님을 믿고, 성자 하나님인 예수 그리스도를 믿는 그리스도인이라면 삼위일체 하나님의 제 삼위인 성령 하나님을 믿는 것은 당연하지 않으냐고 묻는 사람이 있을 것입니다.

그러나 이 질문은 우리 그리스도인들에게 그리스도인다운 삶을 되돌아보게 합니다.

성부 하나님은 태초의 천지창조 사건에 관련되고, 성자 하나님은 이천 년 전 십자가의 대속 사건에 연계된다면, 성령 하나님은 '지금 여기(here and now)' 의 사건에 더욱 깊이 관련됩니다.

그래서 '성령을 믿사오며'라는 고백은 내가 지금 여기에 성령님과 동행하며, 그분과 사귀면서 살아가고 있다는 고백입니다.

당신은 성령을 믿습니까? 이 질문은 '당신은 성령의 인도하심으로 그분과 동행하며 살아가고 있습니까?'라는 뜻이기도 합니다.

돈과 복음

우리가 기도하는 곳에 가다가 점하는 귀신 들린 여종 하나를 만나니 점으로
그 주인들을 크게 이하게 하는 자라…

사도행전 16:16

쟈끄 엘룰Jacques Ellul의 책 『하나님이냐 돈이냐((L')Homme et l'argent:nova et vetera)』는 우리의 신앙이 돈을 벌고 이를 합리화하기 위한 수단으로 전락되는 문제를 지적하고 있습니다.

돈이 하나님의 자리를 차지하는 경우가 어제 오늘의 일은 아닌 것 같습니다.

개인의 신앙이나 일반 종교, 또 교회가 돈벌이의 수단이 된다면 그래서 그들의 부의 축적을 최종적 결실로 삼는다면 그것이야말로 종교적 종말입니다.

참 종교는 돈이라는 신화, 돈벌이라는 환상이 거짓 신神이며 거짓 꿈이라는 것을 드러내주어야 할 것입니다. 돈과 돈벌이가 어떻게 우리의 영적 눈을 멀게 하고 어떻게 사람을 억압하는가를 밝혀주는 것이 복음의 빛입니다.

사도행전 16장에 나오는 점쟁이와 주인 이야기는 돈과 돈벌이로 타락한 종교의 예라고 할 수 있습니다.

따뜻함과 부드러움

이에 홀연히 큰 지진이 나서 옥터가 움직이고 문이 곧 다 열리며 모든 사람
의 매인 것이 다 벗어진지라…

사도행전 16:26

따뜻한 기운이 계절의 변화를 느끼게 합니다. 휴대전화의 벨소리를 비발디의 사계 중에서 〈봄〉으로 설정해놓았습니다.

제게 전화를 건 사람은 모두 봄을 알리는 전령사가 되는 셈입니다.

따뜻한 햇살 때문에 일어나는 가장 큰 변화는 단단한 것이 부드러워지는 일입니다.

쇳덩어리 같던 얼음이 녹아 부드러운 물이 됩니다. 돌덩어리처럼 단단했던 흙이 부서져 부드러운 살흙이 됩니다. 봄의 흙살은 어린아이의 속살과도 같습니다. 부드러워야 흐를 수 있고 부드러워야 새싹을 돋게 할 수 있으니까요.

하나님 앞에서 이 자연의 부드러움으로 서고 싶습니다.
그분의 말씀 앞에서 흐르는 물처럼 싹을 돋우는 흙처럼 살고 싶습니다.
성령의 따뜻함이여, 그동안 굳은 제 마음과 영혼을 부드럽게, 어린아이의 속살처럼 부드럽게 하옵소서.

참과 거짓

베뢰아에 있는 사람들은 데살로니가에 있는 사람들보다 더 너그러워서 간절한 마음으로 말씀을 받고 이것이 그러한가 하여 날마다 성경을 상고하므로…

사도행전 17:11

개인의 신용을 신용카드로 대신하는, 이른바 '신용사회'가 되었습니다.

그러나 이 말이 무색할 만큼 우리 사회에서는 불신과 거짓이 수그러들지 않습니다.

정치가의 외침, 학자의 판단, 상인의 말이 곧이들리지 않는 까닭은 무엇일까요? 믿음을 강조하는 종교단체 안에서도 '참'을 찾기란 그리 쉽지 않은 것 같습니다.

대제사장들과 의회 앞에 서신 예수님은 수많은 사람의 거짓 증거들 가운데 홀로 침묵하고 계셨습니다.

성전 모독, 하나님 모독이라는 누명을 쓰고 사형의 위기에 내몰릴 때, 어느 한 사람도 바른말을 하며 나서지 않았습니다.

'참'을 말하는 증인이 두 사람만 있다면 역사는 바뀔 수 있습니다.

예수님은 우리에게 증인이 될 것을 부탁하셨습니다.(행 1:8) 우리는 어떤 증인입니까?

패러독스와 믿음

어떤 에피쿠로스와 스토아 철학자들도 바울과 쟁론할 새, 어떤 사람은 이르되 이 말쟁이가 무슨 말을 하려 하느냐 하고, 어떤 사람은 이르되 이방 신들을 전하는 사람인가보다 하니, 이는 바울이 예수와 부활을 전하기 때문이더라.

사도행전 17:18

'패러독스paradox'라는 말은 억측이나 억견으로, 말이 되지 않는 말을 뜻합니다.

말이 되려면 앞뒤가 맞아야 하고, 논리적이어야 하고, 마땅한 근거가 있어야 합니다. 이러한 데서 과학이나 학문이 싹트고 자라납니다. 그리고 그 결과를 진리라고 인정하는 것입니다.

그러나 '참'의 세계를 나타내려면 이렇게 이치에 맞는 합리적 방법만으로는 충분하지 않다는 데 문제가 있습니다. 논리나 합리성은 인간의 이성에 근거한 것인데, 우리의 이성이 과연 참과 거짓의 정확한 판단 기준이 될 수 있는가 하는 문제입니다. 성경은 인간의 타락과 함께 인간 이성의 타락을 함께 말합니다.

이성이 참의 도구가 아닌 거짓이나 악의 도구로 사용되는 경우는 얼마든지 찾아볼 수 있습니다. 대부분의 거짓말이 그럴듯하게 들리는 게 사실입니다.

십자가와 부활은 패러독스가 틀림없습니다. 도무지 말이 되지 않는 말입니다. 그래서 이해가 아니라 믿음이 필요합니다.

이해할 수 없지만 믿을 때, 깨달음이 옵니다. 십자가와 부활은 하나님의 능력과 사랑과 구원을 깨닫게 하는 신비한 사건입니다.

생업과 주업

생업이 같으므로 함께 살며 일을 하니, 그 생업은 천막을 만드는 것이더라.

사도행전 18:3

흔히 직업을 주업主業과 부업副業으로 나누어 말합니다.

자신의 적성이나 특기에 맞는 일, 오랜 준비 과정을 거친 전문가로서 해야 할 역할, 또 이를 통해 경제생활이 가능한 주요 수입원, 이것이 주업이지요. 그 외의 남는 시간을 이용한 또 다른 경제적 활동을 부업이라 할 수 있겠지요.

이런 구별은 일반인들에게 해당하는 것이고, 우리 그리스도인들에게는 다른 구별 방법이 어울리지 않을까 생각합니다. 그것은 '생업生業'과 '주업主業'입니다.

생업이 말 그대로 먹고사는 데 필요한 돈을 벌기 위한 일이라면, 주업은 하나님 나라의 국민으로서 그 나라를 위한 역할 아니겠습니까.

이 둘이 하나로 겹쳐진다면 좋겠으나, 그렇지 않다고 해도 우리가 생업만이 아니라 하나님이 맡겨주신 주업에 시간을 쓸 때, 더 보람 있는 삶이 되지 않을까 생각합니다.

그 나라를 위하여 사는 삶, 어찌 아름답지 않겠습니까?

집으로

거기서 옮겨 하나님을 공경하는 디도 유스도라 하는 사람의 집에 들어가니
그 집이 회당 옆이라…

사도행전 18:7

영화 〈집으로〉의 주인공 김을분 할머니가 대종상영화제 신인여우상 후보에 올랐다고 합니다.

평생 극장 한번 가본 적이 없다는 일흔여덟 할머니에게는 뜻밖의 일이 아닐 수 없습니다. 집으로 신드롬은 당분간 계속될 모양입니다.

〈교회로〉라는 영화를 한번 찍어본다면 어떨까요?
어느 교회, 어떤 배경, 주연 배우는 누가 좋을까요?
언뜻 〈집으로〉의 촬영지처럼 산골이나 시골 마을에 있는 작은 예배당과 외할아버지 같은 목사님이 떠오르네요.

도시화, 대형화의 물결 속에 흘러버려서는 안되는, 소박하지만 소중한, 그래서 끝까지 지켜내야 할 가정과 교회의 모습이 담기지 않을까 조심스레 그려 봅니다.

그런 집으로, 그런 교회로 달려가고 싶습니다. 5월은 그런 계절이지요?

거리두기와 공동체성

이렇게 팽팽한 의견 대립이 있어서, 드디어 그들은 서로 갈라섰습니다.
사도행전 15:39

코로나 시대에 등장한 용어가 '거리두기'입니다. 사회적 거리두기, 물리적 거리두기, 생활 속 거리두기 등, 전에는 별로 쓰이지 않던 말이었는데 이제는 아주 중요한 실천 덕목이 되었습니다. 바이러스 전염을 막고 함께 살아가려면 적당한 거리를 유지해야 한다는, 다소 이율배반적 역설이기도 합니다.

평소 이론적으로만 느껴지던 말이 어떤 상황에서 새삼스레 와 닿는 경우가 있습니다. 유난히 정이 많은 우리 민족은 유교적 전통 속에서 개인보다 가족이나 단체를 중요하게 여겨왔지요. 그래서 가정이나 학교에서도 개성이나 다름의 가치를 교육의 상위개념으로 생각하지는 않았던 듯합니다.

'개인주의'의 반대말은 '이기주의'가 아니라 '집단주의'입니다. 개인적 이기주의가 있고 집단적 이기주의가 있습니다. 개인적 이타주의가 있다면 집단적 이타주의도 있습니다. 이기적 가족주의도 있고 이타적 가족주의도 있겠지요.

거리두기 이야기입니다. 사람과 사람 사이에도 어느 정도의 거리두기가 필요합니다. 부부 사이, 부모와 자녀 사이, 형제 사이도 나름의 거리가 있어야 합니다. 이웃이나 친구, 학교나 직장에서도 마찬가지입니다. 이때의 '거리'는 상대방에 대한 배려고 남에 대한 예의입니다.

이 거리의 의미를 부정하려는 사람이 있다면 혹 내가 남을 존중하기보다 소유하고 지배하려는 것은 아닌지 자성해보아야 합니다. 건강한 공동체는 서로의 사이를 얼마나 잘 유지하느냐에 달려있습니다. 단순한 집단인가 아니면 성숙한 공동체인가의 구별은 여기에 달려있다고 믿습니다.

아볼로

알렉산드리아에서 난 아볼로라 하는 유대인이 에베소에 이르니, 이 사람은
언변이 좋고 성경에 능통한 자라.

사도행전 18:24

그는 알렉산드리아 출신 유대인으로서 변증가, 웅변가인 동시에 성경에도 능통한 사람이었습니다.

알렉산드리아는 이집트 북부 나일강 삼각주의 서쪽에 있는 도시로, 기원전 332년 알렉산더대왕이 이집트를 정복한 기념으로 그렇게 명명되고, 당시 로마제국의 제2 도시로 발전했습니다.

그곳은 정치와 경제의 중심지였을 뿐 아니라 헬라권 학문에서도 가장 중요한 도시였습니다. 교회사적으로도 클레멘스Clemens, 오리게네스Origenes, 아타나시우스Athanasius처럼 위대한 신학자들을 배출했습니다.

이렇게 이름과 크기, 역사와 문화, 학문 등에서 그 도시와 걸맞도록 출중한 인물이 바로 아볼로였습니다.

이런 사람이 한낱 가죽업자에 지나지 않았던 브리스길라와 아굴라 부부에게 '하나님의 도道'를 다시 배웠다는 기록이 사도행전 18장 26절에 나옵니다.

어쩌면 "하나님께서 세상의 미련한 것을 택하사, 지혜 있는 자들을 부끄럽게 하려 하심"(고전 1:27)이 아니었을까요?

성령과 사랑

이르되 너희가 믿을 때에 성령을 받았느냐 이르되, 아니라 우리는 성령이 계
심도 듣지 못하였느니라.

사도행전 19:2

성령께서 하시는 일은 크게 두 가지입니다.

하나는 은사(gift), 다른 하나는 열매(fruit)입니다.

은사란 지혜, 지식, 믿음, 병 고치는 능력, 예언, 영 분별, 능력, 방언, 통역이고 (고전 12:8-10), 열매란 사랑, 희락, 화평, 오래 참음, 자비, 양선, 충성, 온유, 절제입니다.(갈라 5:22) 은사도 열매도 모두 아홉 가지입니다. 그런데 이 아홉 은사는 '사랑'이라는 최종적 은사로 마무리되며, 아홉 열매는 '사랑'으로부터 시작됩니다.

마치 산봉우리가 등산의 끝이며 하산의 시작이듯, 사랑이 그러하다는 것입니다.

은사의 참과 거짓, 열매의 참과 거짓을 가르는 잣대가 바로 사랑입니다. 그래서 예언하는 능력이나 신비한 지식이나 산을 옮길 만한 믿음이 있을지라도 사랑이 없다면 아무것도 아니라는 것입니다.

그러므로 믿음, 소망, 사랑, 이 세 가지는 항상 있을 것인데, 그중에 으뜸은 사랑입니다.(고전 13:13)

담대함

바울이 회당에 들어가 석 달 동안을 담대히 하나님 나라에 대하여 강론하며
권면하되…

사도행전 19:8

아시아 대륙 끝에 조그맣게 맹장(?)처럼 붙어 있는 나라, 그 하나쯤 떼어낸다고 해서 큰 몸에 별다른 지장을 줄 것 같지 않은 나라, 그래서 스스로를 극동極東이라고 부르면서도 이상하게 여기지 않던 나라가 지금 온 세계의 주목을 받고 있습니다. 세계사의 흐름으로 볼 때, 근대화의 대열에 함께하지 못하여 민족주의라는 건강한 주체성을 가질 기회를 놓친 나라. 해양 세력과 대륙 세력의 충돌 한가운데서 나라도 빼앗기고, 또 둘로 갈라지고, 끝내 동족상잔이라는 6·25전쟁을 치른 민족. 쿠데타와 군사독재라는 부끄러움 속에서, 그래도 '잘 살아보세'라는 구호로 똘똘 뭉쳐 경제 개발을 이룬 민족.

산업화와 민주화를 이루는 과정에서 피로 얼룩진 고난의 세월을 생각하면 지금 우리 대한민국이 누리는 세계사적 지위는 하나님이 우리에게 내리신 선물이라고 할 것입니다.

우리가 당당하게 보여준 후진국-개발도상국-중진국-선진국의 과정을 얼마나 많은 나라가 부러워하고 있겠습니까? 세계의 젊은이들이 우리의 노래를 따라하고, 여러 대학에서 한글을 앞 다투어 가르친다고 합니다. 191개국을 비자 없이 갈 수 있는 한국의 여권 파워는 독일과 함께 세계 3위권이라고 하네요.

한민족과 한국이라는 나라에 대한 긍지와 자부심은 곧 한국, 한국인, 한국적인 것들에 대한 '담대함'이기도 합니다.

말씀하시는 하나님

이처럼 주의 말씀이 힘이 있어 흥왕하여 세력을 얻으니라.

사도행전 19:20

『하나님으로 하나님 되게 하라(*Let God be God*)』라는 책을 본 적이 있습니다.

그 말은 하나님의 자리를 인정하고, 그를 높이고, 그의 이름을 찬양하라는 뜻이기도 하지만, 하나님이 말씀하시도록 하라는 선언이기도 합니다. 창세기는 이렇게 말씀하시는 하나님을 드러내며, 요한복음은 이 말씀이 이 땅의 몸이 되었음을 증언합니다.

"빛이 있으라 말씀하시니 빛이 있었고"(창 1:3) 그래서 우리는 태초에 말씀이 있었다고 입을 모아 말하는 것입니다.

영상映像의 시대, 눈으로 보는 시대를 사는 우리는 언젠가 하나님을 보이는 존재로 재창조하려 들지도 모릅니다. 그러나 하나님은 우리 눈앞에 보이는 분이 아니라, 우리 귓가에 들리는 분으로 다가오십니다.

하나님을 보는 것이 아니라, 하나님을 듣는다는 말입니다. 그래서 눈은 감을 수 있으나, 귀는 닫을 수 없습니다. 아니, 결코 닫아서는 안 됩니다. '들을 귀 있는 자'가 복됩니다.

잠을 깨우는 사람

유두고라 하는 청년이 차에 걸터앉았다가 깊이 졸더니 바울이 강론하기를
더 오래 하매 졸음을 이기지 못하여 삼층 누에서 떨어지거늘 일으켜보니 죽
었는지라. 바울이 내려가서 그 위에 엎드려 그 몸을 안고 말하되 떠들지 말
라, 생명이 저에게 있다 하고…

사도행전 20:9~10

소크라테스는 자신을 등에에 비유했습니다.

소 등에 붙어 소를 귀찮게 하듯이 아테네 시민들을 무지無知의 잠에서 깨우려고 했습니다.

가나안 농군학교의 김용기 장로는 민족의 잠을 깨우려고 새벽 4시면 어김없이 일어나 쇠종을 울렸습니다.

창에 걸터앉아 졸다가 3층에서 떨어진 유두고를 깨우려는 바울의 간절함이 사도행전 20장에 기록되어 있습니다.

참된 지도자는 잠을 깨우는 역할이어야 할 것입니다. 그것이 육체의 잠이든, 마음의 잠이든, 영혼의 잠이든 말입니다.

잠은 곧 죽음이기 때문이지요. 누가 우리를 일깨우는 사람인지 분별하는 지혜가 필요할 때입니다.

헤어질 때 하는 말

다시 그 얼굴을 보지 못하리라 한 말로 말미암아 더욱 근심하고 배에까지 그
를 전송하니라…

사도행전 20:38

잘 가!
또 만나!

우리가 만났다가 헤어질 때 흔히 쓰는 인사말입니다. 이 말에는 또다시 만날 것에 대한 기대가 담겨있습니다.

그러나 더는 만남의 가능성이 없을 때, 이 만남이 마지막 만남일 때, 이제 영원한 이별을 고해야 할 때라면 어떤 인사말을 하게 될까요?

이런 경우의 작별 인사는 사랑과 정감과 고마움, 또는 후회와 용서와 미안함이 담길 수 있겠지요. 그리고 이때의 말은 그동안의 나눔과 사귐을 정리하고 매듭 짓는 말로 끝까지 남아있을 테지요.

다시는 바꿀 수 없기에 더욱 신중해야 할 말, 그야말로 마지막 하고 싶은 말로 그동안 만나왔던 사람들의 얼굴을 떠올리며 한마디, 또 한마디 작별 인사를 남겨봅니다.

안녕!

만남

예루살렘에 이르니 형제들이 우리를 기꺼이 영접하거늘…

사도행전 21:17

그 어느 때보다도 만남이 쉬워진 시대가 왔습니다.

건넛마을 언니를 만나려면 하루 꼬박 걸리던 때도 있었지요, 바다 멀리 떠난 친구를 다시 만난다는 것은 거의 불가능하게 느껴졌던 때도 있었고요.

교통수단이 발달하면서 어디에 있든지 만남이 별로 어렵지 않게 되었습니다. 더군다나 IT시대의 통신기술은 그야말로 전천후입니다. 손지갑보다도 작은 휴대전화 하나만 있으면 이 세상 그 누구도 만날 수 있습니다. 얼굴을 마주 보면서 대화를 나눌 수도 있습니다. 아니, 얼굴을 내보이지 않고 만날 수도 있습니다.

목소리나 자신의 글씨체를 남기지 않고도 만납니다. 쉽게 만나고 쉽게 잊어버리는 것이 요즘의 만남입니다.

그러나 만남이 접촉이나 접속의 수준으로 희석된다고 해서 참된 만남에 대한 열망마저 흐려질 수는 없습니다.

스승과 배우자, 친구는 그렇게 쉽게만 만날 수는 없기 때문이지요.

누룩

우리가 보니 이 사람은 염병이라 천하에 퍼진 유대인을 다 소요케 하는 자요
나사렛 이단의 괴수라…

사도행전 24:5

우리나라의 최대 명절이 팔월 한가위라면 이스라엘의 최대 명절은 유월절입니다.

이는 유대민족이 죽음의 재앙으로부터 구원 받은 일을 기념하는 절기입니다. 이를 무교절이라고도 하는데, 그 첫날에는 집안의 모든 누룩을 제거하고 일주일 동안 누룩을 넣지 않은 빵을 먹습니다.

성경에서 누룩은 없애야 할 나쁜 것으로 여겨집니다. 보잘 것 없이 작은 것이 밀가루 반죽을 엄청나게 부풀리는 것을 보며 경계하려는 것입니다.

예수님도 바리새인과 사두개인의 누룩을 조심하라(마태 16:6)고 가르치셨습니다.

이렇게 부정적 이미지로 보이던 누룩이 하나님의 나라를 나타내는 아주 좋은 상징이 되었습니다.

바뀌지 않을 것이 없을 것 같습니다.

누룩도 거듭나면 거룩해집니다.

출발지, 목적지, 중심지

바울이 온 이태를 자기 셋집에 머물면서 자기에게 오는 사람을 다 영접하
고…

사도행전 28:30

예루살렘은 사도행전의 출발지입니다.

"예루살렘에 이르니 형제들이 우리를 기꺼이 영접하거늘…"(행 21:17)

예루살렘의 작은 다락방에서 시작된 성령의 역사는 안디옥을 거쳐 에베소를 비롯한 소아시아 지방, 마케도니아뿐 아니라 서양 문화의 근원지라 할 수 있는 아테네까지 이르렀습니다.

그러나 바울의 최종 목적지는 로마입니다. 로마로 가려는 선교사 바울의 뜻은 어디에 있을까요? '모든 길은 로마로 통한다'라는 말처럼 당시 로마는 세계 문명의 중심지였습니다.

출발지를 떠나, 근원지를 거쳐, 중심지를 향하는 바울의 모든 발걸음이 아름답지 않습니까?

내가 지금 딛고 있는 이 땅이 어떤 곳이든, 설령 가장자리나 땅끝이라 할지라도, 그곳이 출발지나 근원지나 중심지에 다름없이 아름다운 곳이 될 수 있습니다. 복음을 들고 있다면 말입니다.

섬

섬

그러므로 예수께서 그들이 와서 억지로 붙들어 임금으로 삼으려는 줄을 아시고 다시 혼자 산으로 떠나가시니라.

요한 6:15

가락재 영성원이 추구하는 영성을 '쉼'과 '숨'과 '섬'의 삼중적 의미 '쉼의 영성'이라고 표명한 지 제법 오랜 세월이 지났습니다. '영(spirit)'이란 말의 어원은 히브리어 '루아흐ruah'와 헬라어 '프뉴마pneuma'인데, 이를 우리말로 쉼과 숨과 섬으로 번역하여 그 뜻을 헤아리고 있습니다.

그런데 쉼과 숨은 공통으로 잘 전달되는 데 반해 섬에 대한 해석은 여러 갈래로 받아들여집니다. 가락재의 돌비에 새겨진 '쉼'이란 말도 대부분 쉼과 숨으로만 읽고 말지, 그 안에 담긴 '섬'이란 글자는 잘 찾지 못합니다. 섬은 '멈추어 섬'의 섬이며, '일어섬'의 섬이고, 우리가 궁극적으로 가고 싶은 '그 섬'입니다.

요즘 개신교에서도 관심의 대상이 되는 영성원은 오래전부터 '리트릿 센터 retreat center'나 '피정避靜의 집'이란 말로 쓰였는데, 그 말의 본뜻은 '물러섬'입니다. 하던 일이나 가던 길을 멈추고 물러서 자신을 돌아보며 성찰하는 것이지요.

저는 요즘 '섬'을 '물러섬'과 '나섬'의 '섬'으로 이해하며 영성의 의미를 생각합니다. 영성 수련의 단계를 '쉼-숨-섬'의 3단계에서 '섬-숨-쉼-섬'의 4단계로 그 과정을 넓혀보려는 것입니다. 1단계는 물러섬이며, 2단계는 영적 호흡으로서의 숨이고, 3단계는 몸과 마음의 쉼입니다. 그리고 나면 새 힘을 얻어 일어서고, 다시 나서는 4단계의 과정입니다. 곧, 물러섬에서 시작해 나섬으로 마무리되는 것이지요.

예수의 평화헌장

그때 이리가 어린양과 함께 살며, 표범이 어린 염소와 함께 누우며, 송아지와
어린 사자와 살진 짐승이 함께 있어 어린아이에게 끌리며…

이사야 11:6

십자가는 로마의 정치범 사형 집행틀이었습니다.

그리고 로마 주도의 평화 '팍스로마나Pax Romana'를 구현하기 위해 반대파를 제거하는 수단이었습니다. 또한 로마가 세계 평화의 핵이어야 한다는 선언이기도 했습니다.

예수가 그 십자가에 처형되었다는 것은 그가 로마식 평화선언을 크게 위배했다는 것을 뜻합니다. 즉, 예수는 '반反로마 평화 선언자'였던 것입니다. 예수의 평화 헌장은 이러했습니다.

"또 눈은 눈으로, 이는 이로 갚으라 하였다는 것을 너희가 들었으나, 나는 너희에게 이르노니 악한 자를 대적하지 말라. 누구든지 네 오른뺨을 치거든 왼편도 돌려대며…, 또 네 이웃을 사랑하고 네 원수를 미워하라 하였다는 것을 너희가 들었으나, 나는 너희에게 이르노니 너희 원수를 사랑하며 너희를 핍박하는 자를 위하여 기도하라."(마태 5:38-44)

우리의 평화 헌장은 어떤 것입니까?

누가 멈추게 할 수 있을까?

화평하게 하는 자는 복이 있나니, 그들이 하나님의 아들이라 일컬음을 받을
것이요.

마태복음 5:9

〈금지된 장난(Jeux Interdits)〉이라는 1950년대 영화가 있습니다.

작은 화면의 흑백영화로, 유럽의 전쟁터를 배경으로 한 것입니다.

피난 중에 부모를 폭격으로 잃은 어린아이가 친구와 함께 살아있는 벌레와 곤충을 잡아 죽이고는(죽은 새와 쥐 같은 것까지) 무덤을 만들어 거기에 작은 나무 십자가를 꽂아놓는다는, 철없는 아이들의 장난이 줄거리입니다.

집에서 외딴 광은 온통 무덤과 십자가로 채워져 갔지요. 지금도 귀에 생생한 주제곡 〈로망스Romance〉는 슬프게 아름다운 곡이었고요.

아이들의 장난은 누가 말릴 것인지 안타깝습니다. 미얀마 이야기입니다.
아프리카에 선교사로 갔던 슈바이처가 아직 사람 잡아먹는 습관을 버리지 못하던 흑인 종족을 나무라니까, 그중 한 흑인이 당신네 유럽인은 먹지도 않을 것을 왜 죽이느냐고 반문했다지요.

도대체 왜 사람을 죽입니까?

누가 이 죽임의 장난, 금지된 장난을 멈추게 할 수 있을까요?

하나님 앞에서

의를 위하여 박해를 받은 자는 복이 있나니, 천국이 그들의 것임이라.
마태복음 5:10

『역사 앞에서』라는 책을 본 적이 있습니다. 6·25 때 미처 피난을 가지 못하고 서울 시내에 남아있던 어느 사학자의 일기를 엮은 것입니다. 당시 서울대 교수로 재직 중이던 저자는 인민군에게 점령된 대학 캠퍼스를 오가면서, 때로는 미군이 활보하는 거리를 바라보면서, 이런저런 행태를 보이며 살아가는 서울시민의 모습을 사진 찍듯 묘사해 놓았습니다.

또한 남과 북, 어느 쪽에도 쉽게 설 수 없는 지식인의 고뇌와 방황을 솔직하게 옮겨 놓았습니다. 6·25라는 민족 상쟁의 역사 앞에서 나는 누구이며, 누구 편이며, 어떻게 살아야 할 것인가를 자신에게 진지하게 묻고 있습니다.

사학자는 역사를 논하고 가르치는 사람이면서, 동시에 역사를 살아가는 사람입니다. 시인은 시를 쓰고 시집을 내는 사람이면서, 동시에 시를 사는 사람일 것입니다. 마찬가지로 그리스도인은 하루하루를 하나님 앞에서 살아가는 사람입니다. 역사라는 진실, 시라는 진실, 그리고 하나님이라는 진실 앞에 우리는 서있습니다.

역사가가 역사 앞에 서있듯이, 시인이 시 앞에 서있듯이, 우리는 지금 하나님 앞에 서있습니다. 그리고 하나님 앞에서 역사처럼, 시처럼 살아야 하는 사람들입니다. 낮엔 해처럼 밤엔 달처럼, 그렇게 말입니다.

본향

그들이 이제는 더 나은 본향을 사모하니 곧 하늘에 있는 것이라…

히브리서 11:1

'나의 살던 고향은 꽃 피는 산골, 복숭아꽃 살구꽃…'
'내 고향 남쪽 바다 그 파란 물 눈에 보이네, 꿈엔들 잊으리오…'
'넓은 벌 동쪽 끝으로 옛이야기 지즐대는 실개천이 휘돌아 나가고…'

산골이 고향인 사람, 남쪽 바다가 고향인 사람, 너른 벌판이 고향인 사람이
있습니다. 산촌이든 어촌이든 농촌이든 고향을 그리워하는 마음은 모두 같
습니다. 타향살이를 하는 사람이라면 누구나 태어나서 어린 시절을 보낸 곳
이 그립게 마련입니다. 현재를 살아가며 미래를 꿈꾸는 사람들에게 고향은
과거를 떠올리게 합니다. 이런 점에서 과거와 현재와 미래는 연결되어 있습니
다. 아이러니하게도 미래는 과거로 돌아가는 여정일 수 있습니다. 떠나온 과
거를 미래의 지평에 설정하며 사는 것이 현재의 삶이기도 하다는 뜻입니다.
그런 점에서 '모든 유토피아는 노스텔지어nostalgia에 그 뿌리를 두고 있다'라
는 말이 사실입니다. 또한 '유토피아적 노스텔지어(괴로움, 귀가)'란 말도 가능한
것이지요.

이스라엘 사람들에게 '에덴동산'은 노스텔지어에 해당하는 것이고, '가나안'
은 유토피아적 표상일 것입니다. 이 둘을 연결해주는 것이 '믿음'입니다. 믿음
은 과거와 미래를 잇는 현재적 가교架橋입니다. 이 가교가 있기에 과거도 미
래도 현실화하는 것이지요. 성경에서 이점을 가장 잘 나타내 보여주는 히브
리서는 '옛날 예언자'(1:1)로 시작해 '장차 올 도성'(13:14)으로 끝납니다. 그리
고 내용 대부분은 현재를 이겨내는 믿음에 대한 것입니다. 특히 11장에는 과
거와 현재와 미래가 아주 잘 농축되어 있습니다. 성경 말씀이 귀한 것은 우
리 안에 담겨있는 이 향수鄕愁를 영적 차원으로 승화시켰기 때문입니다. 그
것은 고향故鄕을 넘어 본향本鄕에 대한 갈망입니다.

내 마음의 뜨락

…주의 뜰에 살게 하신 사람은 복이 있나이다…

시편 65:4

'가정'이란 말의 한자는 두 가지입니다. 하나는 '家政'이고 다른 하나는 '家庭'입니다. 앞의 뜻은 집안 살림을 다스려 나가는 일을 말하고, 뒤의 뜻은 가족이 함께 생활하는 터전을 말합니다. 터전이라는 것은, '정庭'이란 말이 뜰 또는 뜨락을 의미하기 때문입니다. 이 두 말이 비슷하면서도 다른 것은 '다스림'과 '함께'라는 말의 차이입니다. '다스림'은 가정에서 수직관계의 중요성이 강조되는 반면, '함께'는 가정에서 수평관계의 중요성이 강조됩니다.

수직과 수평 둘 다 필요하지만, 이제는 '다스림'에서 '더불어 함께'로 방점이 옮겨가야 하지 않을까 생각합니다. 그런 점에서 필요한 것이 '뜨락'입니다. 아파트 평수와 집의 가격으로 그 가치가 매겨지는 상황에서 그 집안에 뜨락이 있느냐는 중요합니다.

우리나라 사람들은 전통적으로 집 앞과 뒤에 뜰을 마련했습니다. 보통 집을 구경할 때 건물 자체를 보기도 하지만, 그 집의 뜰이 어떠한가도 함께 보게 됩니다. 앞뜰에 있는 장독대와 키 작은 꽃들, 채송화, 봉숭아, 맨드라미. 그리고 뒤뜰에서 자라난 진달래, 배롱나무, 감나무가 어떻게 그 집에 어울리게 심겨 있느냐에 따라 집의 분위기와 취향과 수준이 매겨집니다. 한 집의 뜰은 거기 사는 사람을 닮게 마련입니다. 집은 건축가나 목수가 지어주지만, 뜰을 가꾸는 일은 집주인이 하기 때문입니다. 그래서 뜨락의 규모와 분위기는 집주인의 얼굴이며 그 마음입니다. 전원주택이 아니라 아파트에서 살더라도 이런 마음의 뜨락은 가능하지 않을까요? 어린아이들이 마음껏 뛰놀 수 있는, 넉넉한 마음의 뜨락 말입니다.

사계절에 따른 영성

하나님이 모든 것을 지으시되 때를 따라 아름답게 하셨고, 또 사람들에게는
영원을 사모하는 마음을 주셨느니라.

전도서 3:11

'그때는 따뜻한 봄날이었지'
'한여름 밤의 꿈이었구나'
'지난 가을은 참으로 아름다웠어'
'흰 눈 내리는 겨울을 좋아했던 사람'

아름다운 추억을 계절과 함께 할 수 있다는 것이 얼마나 큰 축복인지를 새삼 느낍니다. 때로 추위와 더위를 피해 춥지도 덥지도 않은 곳으로 여행을 떠나기는 해도, 막상 그런 나라에서 여러 해를 거듭 살라고 하면 좀 지루할 것 같습니다. 하와이 같은 휴양지에 사는 사람들에게 날씨의 변화에 대해서 느껴지는 감각은 그리 다양하지 않을 것 같습니다.

계절의 변화는 우리의 인생살이를 그대로 드러내줍니다. 한해를 봄으로 시작해 여름을 맞고, 또 가을과 겨울, 그리고 다시 봄을 기다리며 사는 것이 인생 아닌가 싶습니다. 어린 새싹과 같은 시절도 있고, 푸르른 여름철에 걸맞게 살아가는 사람도 있으며, 가을 단풍처럼 화려하게 노년을 보내는 사람도 있습니다. 꽃봉오리를 채 피우지 못한 채로 스러져간 인생도 있지요. 한 사람을 알려면 적어도 한 해 동안 지내봐야 한다는 말도 있고요.

사람을 계절로 비유해 봄철에 어울리는 사람, 여름철에 어울리는 사람, 가을철에 어울리는 사람, 겨울철에 어울리는 사람이 있을 수 있습니다. 사계절이 다 어울리면 더 좋겠지요. 봄에는 '다가옴'으로, 여름엔 '내려옴'으로, 가을엔 '지나감'으로, 그리고 겨울은 '덮어줌'으로 말입니다. 봄 처녀는 제 오신다 하고, 기러기 울어 예는 가을에는 너도 가고 나도 가야지 하니까요.

하산下山의 영성

이튿날 산에서 내려오시니 큰 무리가 맞을 새⋯

누가복음 9:37

예수께서 세 제자 베드로, 야고보, 요한과 함께 '타보르Tabor'라는 산(다볼산)에 오르신 때가 있습니다. 이 산은 해발 588미터고, 갈릴리호에서 서쪽으로 18킬로미터 정도 떨어져 있습니다. 갈릴리 지역이 낮은 지대임을 고려하면 꽤 높이 올라야 하는 산입니다. 이 산에서 주님이 기도하실 때, 그의 몸이 변화하고 그의 옷은 하얘져 광채가 났다고 기록되어 있습니다.

마태와 마가, 누가는 이 사건을 빠뜨리지 않고 잘 묘사했습니다.(마태 17:1-8, 마가 9:2-8,누가 9:2-8) 예수 그리스도의 변화가 일어난 산이라고 이 산을 '변화산'이라고도 부르지요.

예수께서 모세와 엘리야와 함께 대화를 나누는 놀라운 일을 목격한 베드로는 "여기 있는 것이 좋사오니, 초막 셋을 짓(고 살)자"라고 말할 정도였습니다. 그러나 예수는 이를 마다하고 산에서 내려오셨습니다. 곧 하산下山하신 것이지요. 물론 제자들과 함께였지요. 하산의 땅은 바로 갈릴리였습니다. 그곳은 온갖 병과 귀신과 패역이 득실거리는 이 세상 한가운데를 뜻합니다. 누가는 변화산에서 내려온 예수께서 '믿음이 없고 패역한 세대'를 나무라는 말씀을 기록으로 남깁니다.

개신교의 영성이 동방 교회의 영성이나 서방 교회의 영성, 즉 수도원의 영성과 다른 점이 있다면 이 세상에 대한 견해의 차이일 것입니다. 곧, 더럽고 죄 많은 이 세상을 피해 거기에 초막을 짓고 사는 삶이 아니라, 변화된 모습으로 다시 이 세상으로 향하는 영성입니다.

변화산에서 갈릴리로! 이것이 개신교의 영성, 곧 하산의 영성입니다.

동방정교의 영성

머리 위의 보배로운 기름이 수염, 곧 아론의 수염을 타고 흘러내려서 그 옷깃
까지 흘러내림 같고…

시편 133:2

몇 년 전 모스크바 장로회신학교에서 영성 강의를 맡은 적이 있습니다. 통역으로 전달하는 강의였으나 열정적인 학생들 덕분에 좋은 시간을 보냈습니다.

동방정교(Eastern Orthodox Church)만이 정통이고 그 밖의 개신교는 이단시되는 풍토에서 장로교의 뿌리를 내리느라 동분서주하는 선교사들의 헌신은 감동적이었습니다. 25년 동안 러시아 전역에 걸쳐서 90여 개의 교회가 세워졌다고 합니다.

988년 정교의 국교화, 1054년 동서 교회 분열, 1905년 피의 일요일, 1917년 러시아 혁명, 1991년 소비에트 사회주의공화국 연방 해체 등, 러시아의 역사는 이 나라가 동방정교와 혁명과 공산주의의 나라였음을 충분히 보여줍니다. 그러나 소련이 해체된 지금까지도, 천년 전통의 기독교는 이 민족의 신앙과 삶과 문화로 살아있습니다.

아직 겨울이 끝나지 않아서인지 구름 낀 하늘에 우중충한 건물 사이로 둥글고 화려한 색상의 비잔틴 성당이 보입니다.

이것은 러시아인들이 추구하는 아름다움입니다. 또한 수염 기른 남성 사제들이 묵직한 저음으로 부르는 성가와 다양한 형태의 아이콘은 붉은 광장과 크렘린으로 상징되는 시베리아 동토에서도 죽지 않고 살아남은 정교회 영성의 뿌리입니다.

밭고랑

모세는 실상 매우 겸손한 사람이었다. 땅 위에 사는 사람 가운데 그만큼 겸
손한 사람은 없었다.

민수기 12:3

산에 골짜기가 있듯이 밭에도 고랑이 있습니다. 골짜기는 길입니다. 바람의 길이고, 물의 길이고, 사람이 다니는 길입니다. 골짜기가 있어 산의 산다움과 봉우리다움이 가능하다면 밭의 고랑도 마찬가지입니다. 고랑이 있어 물길과 사람길이 가능합니다. 고랑을 길 삼아 씨를 뿌리고 김도 매며 농산물을 돌보고 가을걷이도 하지요. 이랑이 이랑의 역할을 잘하려면 꼭 필요한 것이 고랑입니다.

세상에는 크게 두 부류의 사람이 있습니다. 하나는 이랑의 역할을 하는 사람, 다른 하나는 고랑의 역할을 하는 사람입니다. 물론, 밭은 이랑이 있어 밭입니다. 이랑에다 씨를 심으면 그 이랑에 뿌리를 내리고, 그 자리에 잎을 피우고 열매를 맺습니다. 거름도 거기다 주게 마련입니다. 그런데 만일 밭에 고랑이 없다면 어떨까요? 이랑과 고랑의 구별이 없는 밭을 한번 생각해봅니다. 농부가 쟁기로 밭갈이를 하는 것이 바로 이런 고랑을 파는 것 아니겠습니까? 밭이랑은 이미 주어진 것이니까요.

사람이든 단체든 이러한 양면은 꼭 필요하겠지요. 다만 어느 것이 더 강조되어야 하는지는 시대에 따라 다를 것입니다. 이를 기독교와 교회, 그리고 그리스도인에게 적용해봅니다. 지금 이 시대에 필요한 것은 이랑보다는 고랑의 역할이 아닐까요. 좀 더 낮은 자리였으면 좋겠고, 좀 더 드러나지 않았으면 좋겠고, 좀 더 겸손했으면 좋겠습니다. 곧 이랑이 그 역할을 잘할 수 있도록 돕는 고랑의 길이지요. '제일'이나 '중앙'보다 '밭고랑 교회'라는 이름이 하나둘 생겨나면 좋겠습니다. 영성(spirituality)을 영력(spiritual power)과 구별 짓고 싶은 것도 이 때문입니다.

관용, 포용, 용서

…서로 용서하기를 하나님이 그리스도 안에서 너희를 용서하심과 같이 하라.

에베소서 4:32

렘브란트의 그림 〈탕자의 귀환(The Return of the Prodigal Son)〉은 우리나라에서도 이미 명화가 된 지 오래입니다. 지난주에 다녀온 나남 공동체 교회의 예배실 전면에도 이 그림이 크게 붙어있었습니다.

그림을 감상할 때 제목대로 둘째 아들에게 초점을 맞출 수도 있고, 아들을 품에 안은 아버지의 두 손에 초점을 맞출 수도 있으며, 옆에 불만스러운 표정으로 뻣뻣이 서있는 첫째 아들에게 초점을 맞출 수도 있습니다. 그런데 이번에 제 눈에 들어온 장면은 둘째 아들의 두 발과 신발이었습니다. 거기에 바로 아버지의 시선이 머무는 것으로 보였기 때문입니다. 다 떨어진 신발과 거칠게 굳은 발바닥이 그동안 둘째 아들이 살아온 흔적을 드러내고 있습니다. 이 명화에 부제를 붙인다면 '관용과 포용, 그리고 용서'로 하고 싶습니다.

관용과 포용의 '용容'은 '용서'의 그 '용'입니다. 관용이 사회적이고 문화적인 너그러움이라면 포용은 개인적이고 주관적인 감싸안음입니다. 이점에서는 프랑스어도 도움이 되는데, 관용은 잘 알려진 '똘레랑스tolerance'고 포용은 끌어안는다는 뜻의 '앙브라쎄embrasser'입니다. 이를 제 나름대로 '관용적 사회'와 '포용적 인격'이라 표현하고 싶네요. 우리 사회에는 관용이, 그리고 우리 인간관계에는 포용이 좀 더 있었으면 좋겠다 싶어서입니다. 그리고 사회와 개인의 징검다리인 공동체에는 용서가 필요하겠지요. 사회-개인-공동체, 이 가운데 무엇을 앞에 두어도 좋겠으나 공동체에서 용서를 먼저 경험하게 되면서 개인은 포용적으로, 또 사회는 관용적으로 변화할 수 있지 않을까 하는 생각입니다.

그러고 보니 렘브란트의 이 그림도 한 가족 공동체를 배경으로 한 것이네요.

차원이 다른 신앙

내가 어린 아기였을 때에는 어린 아기처럼 말을 했고, 어린 아기처럼 생각했고, 어린 아기처럼 사고를 했습니다. 그러나 내가 어른이 되자 어린 아기가 하던 일들을 다 그쳤습니다.

고린도 전서 13:12

'차원이 다르다'라는 말은 시대와 세대를 넘어 회자하는 말입니다. 원래 '회자膾炙'는 얇게 썬 고기나 구운 고기라는 뜻으로, 그 품질과 맛을 칭찬하는 뜻으로 쓰입니다. 신상품을 소개할 때 이전 것과 비교하여 차원이 다르다고 광고할 수 있겠지요. 상품만이 아니라 작품이나 책, 강연이나 사람에도 적용할 수 있습니다. 차원이 다르다는 말을 들으면 누구나 기분이 좋을 겁니다. 이것을 신앙에 적용하면 1차원의 신앙, 2차원의 신앙, 3차원의 신앙이 있을 것입니다.

1차원의 신앙을 '기복 신앙'이라고 정의하겠습니다. 즉, 사람이라면 누구나 본능적으로 갖고 싶은 것들에 대한 추구지요. 이 세상에서 부귀영화를 누리면서 여봐란듯이 살고 싶은 욕망을 채우기 위한 과정으로서의 신앙입니다.

2차원의 신앙을 '내세來世 지향의 신앙'이라고 정의하겠습니다. 자신의 삶과 지위와 소유가 언젠가는 끝날 것이라는 사실을 직시하고, 이생보다는 영생에 더 큰 가치를 두는 삶입니다. 1차원이 'behind(이면)'의 믿음이라면 2차원은 'beyond(너머)'의 믿음이라 할 수 있습니다.

3차원의 신앙을 '영성적 통합의 신앙'이라고 정의하겠습니다. 여기에는 물질과 정신, 현재와 내세, 삶과 죽음, 내재와 초월, 신비와 윤리가 하나로 통합되어 있습니다. 그야말로 예수께서 보여주신 영성이지요. 자신을 둘러싸고 있는 교단이나 교리나 신학이나 조직이나 규모의 차이를 넘어서, 예수님은 어떻게 사셨는가, 예수님은 어떻게 죽으셨는가, 예수님은 무어라고 말씀하셨는가, 여기에 생각과 삶을 맞추어가는 신앙이야말로 3차원의 신앙일 것입니다.

점과 점이 만나 선으로 이어지고, 선과 선이 만나 면을 이루고, 면들이 모여 입체적 공간을 만들어가듯이, 우리의 신앙도 그 차원을 달리할 수 있었으면 좋겠습니다.

제3의 길

그들은 능욕하며 침 뱉으며 채찍질하고 죽일 것이나 그는 3일 만에 살아나
리라 하시니라.

마가복음 10:34

0, 1, 2, 3, 4, 5…. 단순한 숫자의 나열이지만, 그 수數를 학문의 차원으로 발전시킨 수학은 철학과 함께 모든 학문의 기반이 됩니다. 또한 수는 예술과 종교의 영역에서도 중요한 틀을 제공해줍니다. 0과 함께 1, 2, 그리고 3이라는 숫자는 의미가 매우 크다고 할 수 있습니다. 특히 3이라는 수는 이것(1)과 저것(2)을 통합하면서 동시에 새로운 차원을 열어주는 역할을 합니다. 즉, 통합과 융합의 숫자지요.

미술에서는 삼원색(빨강, 파랑, 노랑)을 기본으로 하고, 음악에서는 삼요소(리듬, 멜로디, 하모니)를 기본으로 합니다. 사람이란 존재도 지정의知情意 또는 지덕체智德體, 이렇게 세 가지 수로 표현합니다. 동양 사상에서는 삼태극三太極을 매우 중요한 상징으로 삼았습니다. 또한 기독교에서도 신앙의 대상인 하나님을 삼위일체로 고백합니다. 이렇게 3이라는 수는 우리 삶과 사고와 믿음에 아주 귀한 역할을 맡아왔습니다.

가락재 사랑채의 3층 거실 한쪽에는 3개의 돌이 나란히 놓여있습니다. 하나는 백두산 천지의 돌이고 다른 하나는 제주도 해변의 돌입니다. 그리고 가운데는 동독과 서독을 가로막았던 베를린 장벽의 콘크리트 조각돌입니다. 남북 분단의 현실을 직시하며 저는 이렇게 미래를 꿈꾸고 있습니다.

남북통일에 대해서는 다양한 생각들이 있겠으나, 북한 주도의 적화통일도 아니고 남한 주도의 흡수통일도 아닌, 한반도가 나아갈 제3의 길이 분명히 있으리라 기대합니다. 1도, 2도 아닌, 3의 수로 말입니다.

계절의 경계선

좌로나 우로나 치우치지 말고 네 발을 악에서 떠나게 하라.
잠언 4:27

여러 형태의 경계선이 있습니다. 하늘과 땅의 경계선이 있고 땅과 바다의 경계선이 있습니다. 나라와 나라 사이, 마을과 마을 사이에도 경계선이 있습니다. 사람과 사람 사이에도 보이지 않는 경계선이 있을 수 있습니다. 경계선이 있어 일정한 영역이 지켜지고 보존됩니다. 그런 경계선을 넘으려는 사람들이 있습니다. 기존의 체제나 사상, 신앙이나 신념의 기조가 무너질 수도 있다는 우려로 그런 사람들을 위험 분자로 처단해온 것이 사실입니다. 그러나 그러한 경계선 너머로 가고 싶은 욕구는 모든 사람에게 있습니다.

'그들은 강 건너편에 있었다'라는 파스칼의 말이 있는데, 그 강은 유럽의 라인강이며 센강이며 도나우강입니다. 또한 우리의 두만강이며 한탄강입니다. 강 이편의 사람들과 강 저편의 사람들은, 오직 강 때문에 편이 갈려 패싸움을 합니다. 그런데 강 저편에서 이편으로, 또 이편에서 저편으로 건너가려는 사람들이 있습니다.

우리의 경우, 그렇게 목숨을 걸고 강을 건넌 사람들을 '탈북자脫北者'라고 합니다. 공산주의 일당 독재의 억압과 굶주림을 피해 자유 대한으로 온 것이지요. 그런데 이 땅에서도 가끔 비슷한 일이 일어납니다. 치열한 경쟁의 도가니와 맘모니즘mammonism의 바벨탑을 피해 탈남脫南을 시도하는 것입니다.

계절에도 경계선이 있습니다. 겨울 한가운데를 벗어나는 2월 하순이 그런 때 같습니다. 겨울과 봄의 경계선, 그 선상을 얼음 녹은 물이 흐르고 있습니다.

농, 천하지본

이삭이 그 땅에서 농사하여 그해에 백배나 얻었고 여호와께서 복을 주시므로…

창세기 26:12

기도하라 그리고 노동하라(Ora et labora!)

이 말은 노동 없는 기도의 공허함과 동시에 기도 없는 노동의 무의미를 밝혀 줍니다. 정신노동의 비중이 커진 시대지만, 그래도 몸을 움직여 일하는 것을 노동이라고 할 때, 노동 중의 노동은 무엇일까요? 집이나 공장에서 생활에 필요한 물건을 만드는 일도 의미 있겠지만, 하루하루 일용할 양식을 위해서 논밭에 씨를 뿌리고, 심고, 가꾸고 거두는 일, 곧 농사야말로 가장 기본이 되는 노동 아니겠습니까?

농사는 오직 배를 채우는 먹거리 생산에만 가치를 두지 않지요. 농부는 씨알 하나에 담긴 생명을 간직하는 사람입니다. 그는 그 생명이 하늘에서부터 온 것이라는 사실을 압니다. 그리고 그 생명이 또 다른 생명을 낳으려면 흙속에 깊이 심겨야 한다는 것도 압니다. 그리고 새롭게 돋은 싹이 30배, 60배, 100배, 아니 그 이상의 열매를 얻기까지 얼마나 많은 기다림과 수용과 인내가 필요한지를 압니다. 하늘이 내려주는 햇빛과 비를 받아들이면서 기다리고 또 기다리는 것입니다. 그런 점에서 농사는 사람의 일이면서, 땅의 일이며, 또 하늘의 일입니다.

하늘-땅-사람, 이 삼자를 잇는 일이 바로 '농'이라는 말입니다. 따라서 '영농營農'은 '영농靈農'입니다. 농은 영을 통해 진정한 농의 차원을 얻으며, 영은 농을 통해 진정한 영적 세계를 인식합니다. 영 안에 농이 있고, 농 안에 영이 있습니다. 농을 영으로 이해하고 영을 농으로 해석해보는 것입니다. 그래서 예부터 내려온 '농, 천하지본農, 天下之本' 이란 말은 '영, 천하지본靈, 天下之本'으로 당연히 대치될 수 있지요. 양자는 서로 뿌리(本)라는 점에서 공통적이니까요.

계산무진溪山無盡

내가 산을 향하여 눈을 들리라. 나의 도움이 어디서 올까. 나의 도움은 천지
를 지으신 여호와에게서로다.

시편 121:1-2

서울시 성북구 성북동에 간송미술관이 있습니다. 이곳에는 간송澗松 전형필 선생의 수집품이 보관되어 있는데, 유명한 훈민정음해례본(국보 70호)을 비롯해 겸재 정선의 작품이 200점 이상 소장되어 있으며 신윤복의 〈미인도〉를 비롯하여, 별도로 추사 김정희의 전시를 열만큼 수십 점의 국보급 보화가 있지요. 몇 년 전 그곳을 방문하여 '계산무진谿山無盡'이라고, 추사체로 쓰인 복사본 하나를 사들고 왔습니다.

이 글은 추사가 처음 관직에 나가는 후학에게 '계산谿山'이라는 호를 지어주면서 앞길을 빌어주는 덕담입니다. '계산'이라는 말에는 산을 대하는 특별한 관점이 드러나 보입니다. 즉, 산을 봉우리보다는 계곡, 즉 골짜기로 보겠다는 견해입니다. 금강산의 봉우리가 일만 이천 봉이라는 것은 알고 있지만, 그 산의 골짜기가 얼마나 많은지는 잘 모릅니다.

아무리 산의 정상이 목적이더라도 그리로 오르는 길은 골짜기로 이어져 있게 마련입니다. 골짜기를 흐르는 시내가 있어야 그 물길을 따라 등산도 하산도 가능한 것이지요.

산의 의미를 골짜기를 흐르는 시내에 두고 싶은 마음으로 가락재의 안채 사랑방에 '溪山無盡'을 액자로 걸어놓았습니다.

'지자요수知者樂水 인자요산仁者樂山'이라는데 '계산'이라는 글자에는 이 둘이 함께 있는 듯해 더욱 좋게 느껴집니다.

세연정洗然亭

내게 복을 주소서, 아버지께서 나를 남방으로 보내시니 샘물도 내게 주소서
하매 갈렙이 윗샘과 아랫샘을 그에게 주었더라.

사사기 1:15

집을 뜻하는 건물을 가리키는 한자어는 다양합니다. 가家, 옥屋, 궁宮, 궐闕, 당堂, 각閣, 재齋, 헌軒, 사寺, 청廳, 누樓, 정亭, 교校, 대臺, 관官, 원院. 가와 옥은 일반적인 집을 말하고, 궁이나 궐은 집의 규모를 말하며, 재와 헌과 원과 교는 학문을 가리킵니다. 청이나 대와 관은 정치적 역할을 뜻하며, 누와 각과 정은 풍류를 엿보게 합니다. 사와 당은 종교적 의미를 드러내지요.

이번 여름휴가 때 전라남도 완도를 거쳐 보길도에 다녀왔습니다. '세연정洗然亭'에서 잠시나마 누렸던 기분을 떠올려봅니다. 이름 그대로 물로 깨끗해진 자연의 풍치를 그대로 담고 있는 정자였습니다. 보길도는 고산孤山 윤선도(1587-1671)가 낙향해 여생을 머물던 섬으로 〈어부사시사漁父四時詞〉, 〈산중신곡山中新曲〉이 여기서 쓴 작품이지요. 그의 유명한 〈오우가五友歌〉는 이렇게 시작됩니다.

"나의 벗이 몇이나 헤아려보니 물과 돌과 소나무와 대나무로다. 동산에 달이 떠오르니 그것은 더욱 반가운 일이로구나. 그만두자, 이 다섯 밖에 또 더하여 무엇 하리오. 구름 빛이 깨끗하다지만 검기를 자주 한다. 바람 소리가 맑기는 하지만 끊어질 때가 많도다. 깨끗하고도 끊어질 때가 없는 것은 물뿐인가 하노라."

가락재架樂齋는 서재의 '재'로서 학문의 뜻도 있지만, '가락'이란 말은 다분히 풍류적입니다. 풍류는 바람과 물을 뜻하는 바, 바람처럼 물처럼 살다 가고 싶은 소망이 담겨있다고 할 수 있습니다. 하늘의 바람을 하나님의 숨결로 느끼고, 땅의 물을 샘솟는 기쁨으로 맛보고자 함이지요. 이번 여름에도 적지 않은 분들이 이곳을 다녀갔습니다. 이런 숨결과 기쁨을 맛보고 가셨기를 바라며 기도했습니다.

화해와 평화의 정당

예수께서 친히 저들 가운데 서서 이르시되 너희에게 평강이 있을 지어다 하시니…

누가복음 24:36

1950~60년대 우리나라의 기독교가 이런저런 이유로 분열되던 때, 이런 말이 나돌았습니다. '한국에서는 예수와 그리스도가 서로 싸운다.'

당시 장로교는 예수교 장로회와 기독교 장로회로 나뉘고, 성결교는 예수교 성결교와 기독교 성결교로 나뉘었기 때문입니다. 교회가 그렇게 되기 전부터 해방 후 이 나라는 소위 '좌익'과 '우익'으로 나뉘어 서로 심하게 좌충우돌하던 때였습니다. 나라가 위기에 처하면 교회가 두 동강이 난 민족을 화해시키려고 애써야 할 텐데, 도리어 그런 광풍을 이용해 사익을 챙기는 사람들이 있었지요.

지금 이 나라는 광화문과 서초동, 양 진영으로 나뉘어 힘겨루기하고 있습니다. 이 둘 가운데 어느 한 집단에 속해야 하는 현실이 안타깝기만 합니다. 국가가 남북으로 분열된 것도 부끄러운 일인데 좌우 갈등은 좀처럼 사그라지지 않습니다. 이런 상황으로 치닫게 된 일차적 책임은 이 나라의 통치권자인 대통령에게 있을 것입니다. 평화를 앞세우는 정치가로서 북한과는 그렇게도 간절하게 평화를 원하면서 어떻게 남한의 평화에 대해서는 그리 둔감하신지 참 모를 일입니다.

정치가 여당과 야당으로 나뉘어 치열하게 권력다툼을 벌인다는 것은 당연한 일입니다. 그런데 온 겨레가 이런 정치판에 휩쓸려 부화뇌동한다면 나라는 어찌 되겠습니까. 두 집단을 화해시키려는 제3의 세력이 필요합니다. 기독교의 이름으로 정당을 만든다면 화해와 평화의 정당이 되어야 할 것입니다. 꼭 정당이 아니라 해도, 우리 교회가 갈등과 분열의 시대에 화해와 평화를 이루려 애쓰는 것은 너무도 당연한 일입니다. 부활한 예수님이 제자들에게 내건 말씀이 바로 샬롬, 곧 평화, 평강이니까요.

비색의 영성

진실로 생명의 원천이 주께 있사오니, 주의 빛 안에서 우리가 빛을 보리이다.
시편 36:9

지금 세계적으로 열풍을 일으키는 한류, 그 근원에 해당하는 것 가운데 하나인 고려청자를 떠올려봅니다.

청자는 그 문양이나 형태보다는 신비로운 색이 탁월합니다. 청자에서 볼 수 있는 빛깔을 '비색翡色'이라고 하지요. 이는 하늘의 푸름과 산의 녹음과 대지의 황록, 이 세 가지를 하나의 색으로 표현한 것이라고 합니다. 사실 비색의 '비'는 특정한 색상이라기보다 어떤 상태를 표현하는 것입니다. 즉, 고려청자는 옥빛과 담록, 회청이 혼합되어 나타나는 신비감에 그 독특함과 가치가 있습니다. 그래서 비색은 '비색秘色'이기도 한 것이지요.

영성을 색채로 설명해볼 수도 있습니다. 한 사람의 신앙적 품격이 영성이라고 한다면, 이것은 어떤 색으로도 드러날 수 있을 것입니다.

하늘을 사랑하고 땅을 사랑하는 사람이 그 하늘과 땅과 산과 들을 한껏 들이마셔 다시 내뿜는 색감의 조화가 있을 것입니다. 청자나 백자는 일종의 항아리입니다. 항아리는 무언가를 담는 그릇입니다. 가락재의 영성수련 교재의 제목을 「예수 담기, 예수 닮기」로 하면서, 영성도 우리의 몸을 그릇 삼아 무언가를 담는 과정이 아닐까 생각했지요.

하늘의 푸름과 숲의 푸름, 그리고 바다의 푸름, 거기에 대지의 황톳빛을 더해 드러나는 새로운 창조의 색감. 어느 시인과 가인의 절창대로 이렇게 '눈이 부시게 푸르른 날'이면 누구라도 자연과 더불어 영성 수련을 하는 것이겠지요. 자기가 살아온 세월만큼 말입니다.

가을의 들꽃을 보라

이 산 저 산 쳐다본다. 도움이 어디서 오는가? 하늘과 땅을 만드신 분, 야훼에게서 나의 구원이 오는구나!

시편 121:1-2

마태복음 6장의 산상수훈에 나오는 '들에 핀 백합화'는 그냥 '들꽃'으로 번역할 수 있습니다. 이는 특정한 꽃이라기보다, 산과 들에 나가면 어디서나 쉽게 찾을 수 있는 팔레스타인 땅의 야생화를 말하기 때문입니다.

그것은 예수님이 '하늘을 나는 새'를 보라고 했을 때 어느 특별한 새를 가리킨 것이 아니라 주위의 여느 새를 두고 한 말과 같지요. 그런 야생 들꽃이 어떻게 자라는지 살펴보라는 말씀입니다. 하루하루 먹고사는 데 필요한 것이 다 어디에서 왔을까, 한번 생각해보라는 것입니다. 새들은 양식을 얻으려고 농사를 짓지 않습니다. 들꽃들을 키우려고 물이나 거름을 주는 사람이 따로 있지도 않지요. 그런데도 솔로몬 왕이 멋지게 차려입은 옷이 이 꽃 한 송이 만큼 화려하지 못하다는 겁니다.

시편 121편에서 기자는 '눈을 들어 산을 보라'고 합니다. 공동번역은 이렇습니다. "이 산 저 산 쳐다본다. 도움이 어디에서 오는가?" 나의 도움이 근원적으로 어디서 오는가를 생각해보라는 것입니다. 아무리 높고 큰 산이라도 산 자체가 도움의 근본이 될 수는 없지요.

하늘을 날아다니는 새들과 들의 꽃들과 주위의 산을 보면서, 이들을 이들답게 하시는 그분의 존재를 생각해보라는 뜻입니다. 예수님이 가리키는 그분, 하늘 아버지를 존재의 근거와 생명의 원천으로 삼으라는 말입니다. 가을 들꽃에는 가을 햇볕의 따뜻함이 담겨있습니다. 그 따스함 속에서 하나님을 느껴봅니다.

겨울나무와 까치

수고하고 무거운 짐 진 자들아, 다 내게로 오라. 내가 너희를 쉬게 하리라.
마태복음 11:28

마지막 남은 나뭇잎마저도 다 떨구고 나니, 느티나무 가지 끝에 까치 한 마리가 날아와 앉았습니다. 감나무도 아니니 남겨둔 감 때문은 아닐 텐데요. 겨울을 맞이하는 집을 지으려는 것인가, 잠시 생각해보았지만, 저 정도의 높이는 아니지요. 이미 알 낳을 때는 지났고, 아마도 그저 잠시 쉬어가려는가 봅니다.

겨울나무에 까치 한 마리.

나무는 대지에 뿌리를 박고 홀로 서있는 식물이고, 새는 두 날개로 떼를 지어 하늘을 날아다니는 동물이지요. 나무는 뿌리로 살고, 새는 날개로 살아가련만, 이제 이 둘은 한가롭게 여유를 즐기고 있습니다. 나무는 그 잎사귀를 내리고, 새는 그 날개를 접으며 함께 '쉼'이라는 시간을 갖는 거지요. 서로가 서로에게 쉼이 되어주는 사이입니다. 얼마 후면 까치는 저 멀리 날아갈 것이고, 나무는 떠나는 새를 잘 보내줄 것입니다.

언젠가부터 '쉼터'라는 말이 제법 쓰이더니, 이젠 '휴休'라는 이름의 휴식공간이 여기저기 많아지고 있습니다. 쉼의 가치가 커지는 시대입니다. '일'과 '놀이'의 순환 고리에서 '쉼'이라는 또 하나의 포인트, 제3의 자리가 중요하게 여겨지는 포스트모던post-modern의 삶입니다. 살아가는 데 일이 필요하고, 일로 받는 스트레스를 풀려고 놀이가 발달했다면, 이제는 잘 쉬는 일이 잘 사는 일로 연결되는 시점입니다. 잘 쉬는 사람이 영적으로나 육적으로나 건강합니다.

비우고 또 비우고

그분이 자기 나라에 오셨지만, 백성들은 그분을 맞아주지 않았다. 그러나 그분을 맞아들이고 믿는 사람들에게는 하나님의 자녀가 되는 특권을 주셨다.
요한복음 1:11-12

영성은 우리 신앙인에게 어떤 마침표나 완성이 아니라, 한평생 믿음의 여정이며 과정입니다. 그래서 '영성(spirirualty)'을 '영성화의 과정(spiritualizing)'이라고도 하는 것이지요. 성탄절은 아기 예수의 탄생이지만, 성부 하나님의 관점으로는 '자기 비움'이라 할 수 있습니다.

성자를 통한 성부의 자기 비움입니다. 이런 하나님의 자기 비움을 함께 할 비움의 방이 이 땅에는 존재하지 않았습니다. 오직 말구유뿐이었지요. 이천 년 전의 빈방은 오늘 내 마음 방의 상태로 이어질 수 있습니다.

오랜 세월 땅에 뿌리내리고 하늘을 향해 두 팔을 벌려 큼직하게 자라온 나무둥치를 톱으로 켜서, 그 통나무를 깎고 비워 소나 말의 여물통으로 삼는 말구유. 그 비움 안에 임재臨在하신 아기 예수를 경배하려고 동방의 학자들이 먼 데서 한숨에 달려왔습니다. 우주의 여러 별이 지구별을 향해 비춘 건 바로 그때였습니다.

말구유의 비움은 그 모습 그대로 예수 그리스도의 마음이고 삶이고 가르침이고 죽음이었습니다. 그분은 이 세상에서 가장 큰 비움으로 온 인류의 죄악과, 우리의 허물과, 나와 너의 부족함을 쓸어 담으셨습니다.

비움의 기독교인을 보고 싶습니다. 비움의 공동체를 만나고 싶습니다. 비움의 교회에 다니고 싶습니다. 비움의 나라에서 살고 싶습니다. '하나님의 나라'는 바로 그런 나라겠지요?

지구라는 연못

그런데 여러분이 서로 물어뜯고 잡아먹고 하면 피차 멸망할 터이니 조심하십시오.

갈라디아서 5:15

'깊은 산 오솔길 옆 자그마한 연못엔 지금은 더러운 물만 고이고 아무것도 살지 않지만 먼 옛날 이 연못엔 예쁜 붕어 두 마리 살고 있었다고 전해지지요. 어느 맑은 여름날 연못 속에 붕어 두 마리 서로 싸워 한 마리는 물 위에 떠오르고 그놈 살이 썩어 들어가 물도 따라 썩어 들어가 연못 속에선 아무것도 살 수 없게 되었죠.'

〈아침 이슬〉과 뮤지컬 〈지하철 1호선〉의 작가 김민기의 〈작은 연못〉이라는 노랫말 일부입니다. 중국 우한에서 비롯된 신종 코로나바이러스 때문에 중국은 물론이고 온 세계가 몸살을 앓고 있습니다. 생물이라고 할 수도, 무생물이라고 할 수도 없는 이 바이러스의 위력이 이렇게 큰지 놀랍고 두려울 따름입니다. 그런데 이 입자가 이렇게 급속도 번지는 까닭은 사람들 사이의 접촉이 더욱 많아졌기 때문입니다. 사람들의 접촉이 가정과 마을 단위에서 나라 단위로 커졌습니다. 이제 우리는 세계인으로 살아가고 있습니다. 과거 수천만의 생명을 앗아간 페스트나 스페인독감도 그 전염성이 유럽이라는 지역에 국한된 것이었지요. 언론의 보도를 보면서 새삼스레 느끼는 것은 감염 확진자가 참 여러 곳에 다니며 정말 많은 사람과 접촉했다는 사실입니다. 이것이 우리 보통 사람들의 일상이겠지요.

1988년 서울올림픽의 주제가 〈손에 손잡고〉는 '벽을 넘어서'라는 노랫말로 이어집니다. 전 세계를 놀라게 한 〈기생충〉의 봉준호 감독은 영화 자막의 1인치 벽을 넘어서면 더 놀라운 영화들을 많이 만나게 될 것이라는 화두를 미국 영화계에 던졌습니다. 벽 가운데 가장 두텁고 높은 벽은 '이기주의'라는 벽입니다. 이기주의는 때로 개인주의와 가족주의와 집단주의로, 때로는 이념과 민족과 교리와 신앙으로 위장하면서 그 위력을 떨쳐왔습니다. 그런데 그 힘이 결국은 나를 죽이고, 이웃을 죽이고, 세상을 죽이는 결과를 낳습니다. 결국 함께 죽는 길이지요. 이것은 〈작은 연못〉의 이야기인 동시에, 우리가 살아가는 '지구 공동체'의 이야기이기도 합니다.

지구야 멈추어라

태양아 너는 기브온 위에 머무르라, 달아 너도 아얄론 골짜기에서 그리할지
어다.

여호수아 10:1

경기도와 강원도의 도계 역할을 하는 장락산 한가운데를 버젓이 차지하고 있는 궁전 규모의 건물이 있습니다. 이름하여 '천정궁天井宮', 통일교에서 세운 것으로 그들 세력의 위엄을 보여주기에 충분합니다. 통일교는 문선명이라는 교주를 왕으로 섬기는 왕국입니다. 이 집단을 본보기로 새롭게 세력을 뻗치고 있는 '신천지'도 하나의 왕국입니다. 교주 이만희가 사는 집에도 뻐젓이 '평화의 궁전'이란 이름을 붙였습니다.

이들 신흥 종교집단은 처음부터 기독교의 이름을 빙자했고, 지금도 성경 말씀을 입에 달고 다닙니다. 그런데 예수님은 결코 자신의 왕국을 건설하려 하지 않았습니다. 그분이 선포하는 '하나님의 나라'는 자신이 왕이 되는 '예수왕국'이 아니었습니다. 그분은 자신이 선하다고 추켜세우는 사람에게 "어찌 나를 선하다 일컫느냐, 하나님 한 분 외에는 선한 이가 없다."(마가 10:18)라며 오히려 나무랐습니다.

제왕적 권위와 마초적 독선으로 한 집단을 이끌어가는 일이 전 세계적으로 확산하고 있습니다. 북한의 김정은은 말할 것도 없고 미국의 트럼프, 일본의 아베, 러시아의 푸틴, 중국의 시진핑, 영국의 존슨, 그리고 필리핀의 두테르테가 그 뒤를 이어갑니다. 나라만 그런 게 아니라 기업이나 교회도 마찬가지입니다.

이러한 왕국 타령에 전혀 예기치 않았던 일이 터진 것입니다. 이른바 '코로나 왕국'입니다. 왕관의 모양을 하고 나온 이 세력 앞에 다들 자만의 턱과 자고自高의 꼬리를 내리고 있습니다. 여호수아 시대처럼 태양이 멈추는 엄청난 사건이 발생한 것입니다. 태양이 멈추고 달이 멈춘 것과 같이 이 지구를 멈추게 하고 있습니다.

반쪽 사랑과 온전한 사랑

네 마음을 다하고 목숨을 다하고 뜻을 다하여 주 너의 하나님을 사랑하라 하
셨으니 이것이 크고 첫째 되는 계명이요, 둘째도 그와 같으니 네 이웃을 너 자
신 같이 사랑하라 하셨으니 이 두 계명이 온 율법과 선지자의 강령이니라.
마태복음 22:37-40

이번 사순절기에 십자가를 만들 일이 있었습니다. 몇 해 전 심어놓은 자작나무가 제법 쓸모 있게 자랐습니다. 십자가를 만들기에 적합한 나무가 따로 있는 것은 아니겠지만, 자작나무는 그 껍질의 색깔과 결이 십자가의 본질에 잘 부합하는 느낌입니다. 심한 바람에 뽑힌 나무는 세로 기둥으로 삼고, 그에 걸맞은 두께의 나무를 베어 가로질러 붙였습니다. 고목의 나무뿌리를 거꾸로 세웠더니 든든한 받침대가 되었습니다.

언덕에 집을 앉히며 우리말 '가락재'란 이름에 '架樂齋'라는 뜻을 입힌 것은 십자가로 즐거움을 삼았으면 좋겠다는 생각에서였는데, 그 후 이런저런 일로 십자가를 만들 기회가 많았습니다. 언제나 그렇듯이 십자가를 만드는 일은 적지 않은 기쁨입니다. 십자가는 고난과 희생의 상징이기도 하지만, '가교架橋'라는 뜻도 있습니다. 예수 그리스도를 통해 하나님과 사람이 이어지고, 나와 너의 관계가 형성되기 때문입니다.

하나님을 사랑하라는 말씀과 이웃을 사랑하라는 말씀은 구약의 율법이면서 신약의 새 계명입니다. 이 둘은 나눌 수 없는 하나입니다. 즉, 하나님을 사랑한다면 당연히 이웃도 사랑하게 되며, 이웃을 사랑하려면 하나님의 사랑이 전제될 수밖에 없기 때문입니다. 코로나19 사태를 두고 주일 예배에 대한 여러 의견이 오갑니다. 어떤 경우라도 예배를 그칠 수 없다는 태도가 하나님 사랑의 표출이라면, 잠시 예배당 문을 닫아두겠다는 태도는 이웃 사랑의 표현입니다. 하나님 사랑과 이웃 사랑, 어느 한쪽에 치우치지 않는 사랑이야말로 반쪽 사랑이 아닌 온전한 사랑이겠지요.

지구를 거꾸로 되돌려놓아야

나더러 주여, 주여, 하는 자마다 다 천국에 들어갈 것이 아니요, 다만 하늘에
계신 내 아버지의 뜻대로 행하는 자라야 들어가리라.
마태복음 7:21

1991년에 출간된 노르웨이 생태학자 헬레나 노르베리 호지Helena Norberg Hodge의 『오래된 미래(*Ancient Futures*)』라는 책이 있습니다. '라다크로부터 배우다'라는 부제가 달렸지요.

저자는 자연과 조화를 이루며 행복하고 평등하게 살아가던 북인도 라다크 지역이 개발되면서 인간의 욕심과 경쟁심이 극대화되고 생태적 균형과 공동체적 조화가 깨진 문제를 다루었습니다.

1926년 IOC(국제올림픽위원회)가 근대 올림픽의 좌우명으로 채택한 표어가 '더 빠르게, 더 높이, 더 강하게(Citus, Altius, Fortius)'입니다. 인간의 힘을 극대화하면서 발전해온 올림픽이 미세한 바이러스에 눌려 연기되었습니다. 연기가 결국 중단으로 이어질는지도 알 수 없게 되었습니다.

근대는 개인이 주체가 되어 사물을 대상화하는 것으로 시작되었으며, 그 결과 자연을 지배하고 파괴하고 농락하게 되었습니다. 지금 그 대가를 톡톡히 돌려받고 있는 셈이지요. 이제 이 아름다운 지구별을 원래 상태로 되돌려놓아야 할 때입니다.

교회에서 이 시대의 역병을 하나님이 내린 심판의 재앙으로 간주하고 회개를 촉구하는 메시지를 연이어 발표하고 있습니다. 옳습니다! 이것이 성경적으로 바른 선포겠지요.

그러나 우리의 회개悔改가 참회의 눈물로만 끝나서는 진정한 회개일 수 없지요. 다음 단계인 삶의 개선으로 전환되어야 할 것입니다. '더 많이, 더 크게, 더 화려하게'에서 '더 적게, 더 작게, 더 소박하게'로의 전환입니다.

원형과 변형

태초에 하나님이 천지를 창조하시니라.

In principo creavit Deus caelum et terram.

창세기 1:1

'원형原形'이라고 하면 분석심리학자 융(C. G. Jung)이 떠오릅니다. 그는 인간 무의식의 근저에 원초적인 이미지로서의 원형(Archetype)이 집단 무의식으로 존재한다고 말합니다. 수학자이며 역사학자인 김용운 교수는 이러한 원형 이론을 한국의 역사에 원용하면서, 한반도의 지정학적 특수성의 원형이 되는 사건으로 백제 최후의 전투였던 백강전투(663년)를 말합니다. 심리학이든 역사관이든 본바탕이 되는 무엇이 있다는 사실은 중요한 발견이라고 할 수 있습니다.

넓은 의미에서 생활 속의 원형이 있습니다. 옷을 만들 때 본을 뜨는 과정이 그렇고 어렸을 때 학교 앞의 '뽑기'가 그것이지요. 설탕물에 소다를 섞은 걸쭉한 액체를 부어 여러 모양을 만드는데, 여기에는 기본 틀이 있습니다. 쇳물을 주조하는 일도 비슷하지요. 원형이 있고 이를 바탕으로 복제와 변형이 나옵니다. 오랜 세월 인류가 쌓아 올린 문명의 원형은 자연이었지요. 오늘날 우리가 누리는 의식주는 대부분 자연을 원형으로 이루어진 것입니다. 예술품도 마찬가지고요. 자연을 복제하듯이 화폭에 그리다가 이를 조금씩 변형한 것이지요.

영성은 신앙의 원형을 찾는 일이라고 봅니다. 일차적으로는 자연이 원형이 되겠지요. 그러나 영성은 자연을 원형으로 삼는 데 그치지 않고 한 걸음 더 나아가 자연의 원형이 되는 '그 무엇'이 무엇일까를 묻는 일입니다. 눈에 보이고, 귀에 들리고, 몸으로 느껴지는 자연의 배후에 있는 근원으로서의 원형을 찾으려는 것입니다. 이것을 두고 철학자는 형이상학(metaphysics)이나 이데아 Idea라 하고, 그리스도인들은 창조주와 구원자인 하나님으로 고백합니다. 따라서 영성은 원형과 복제, 그리고 변형變形의 과정을 거꾸로 추적해나가는 과정이지요. 곧, 여러 변형 가운데에서 원형을 찾아가는 길입니다.

시대적 화두

그러므로 내일 일을 위하여 염려하지 말라. 내일 일은 내일이 염려할 것이며
한 날의 괴로움은 그날에 족하니라.

마태복음 6:34

'화두話頭'는 관심을 집중시키기 위한 이야기의 첫머리를 뜻하는 말로 주로 선원에서 참선 수행을 위한 실마리로 쓰입니다. 1960년 소설 「광장」으로 유명해진 작가 최인훈은 1994년 『화두』를 발표하면서 자신의 문학적 지위를 단단히 했습니다. 시대마다 사회적 화두가 존재합니다. 독립, 해방, 근대화, 반공, 통일에 이르기까지. 기독교 안에서도 마찬가지입니다. 예수 천당, 불신 지옥, 복음화, 구원, 종말론, 교회 성장….

2021년을 살아가는 우리에게 필요한 화두는 영성, 공동체, 생태가 아닐까 생각해봅니다. 영성은 신앙의 차원을 좀 더 깊고 폭넓게 이해하려는 말이고, 공동체는 신앙을 삶과 인격으로 체화하려는 뜻이며, 생태는 그리스도인들의 사회적·역사적 책임을 감당하려는 의지라고 정의해봅니다. 그리하여 반지성적 믿음에서 수준 있는 영성으로, 이기적 유전자를 넘어서 이타적 공동체로, 발전과 성장 제일주의에서 생태의 차원으로 시대적 화두를 바꾸어야 할 것입니다.

이데올로기의 종말, 역사의 종말은 이제 지구의 종말을 예고합니다. 여기서 시한부 종말론을 말하려는 것이 아닙니다. 666이나 144,000처럼 성경에서 종말을 암시하는 여러 개념을 문자 그대로 받아들여야 한다고 생각하지 않습니다. 기표記標(signifiant)보다 기의記義(signifié)에 더 깊은 영적 의미가 있습니다. 종말에 대한 의식으로 하루하루를 살아가는 마음 자세가 중요합니다. 천년만년 살 것처럼 창고를 늘리고, 그 안에 먹거리를 가득 채우면서 종말을 떠들어대는 일은 이율배반이며, 일종의 정신질환입니다. 이른 아침 주님께 하루치 양식을 구하며 사는 삶이 진정한 종말론적 삶이 아닐까요?

존엄한 노후

모세가 죽을 때에 나이 백이십 세였으나 그의 눈이 흐리지 아니하였고 기력
이 쇠하지 아니하였더라.

신명기 34:7

벌써 여러 달이 지났습니다. 지난 봄 일산에서 문을 연 어느 요양원에서 주일 예배를 드리고 있습니다. 노인 분들과 함께 찬양도 하고, 가끔 설교도 하고, 이곳을 운영하는 이들과 대화도 나눕니다. 매주일 아내와 함께 가는 길이 멀게 느껴지지 않는 것은 저 역시 늙음을 이제는 가까이 받아들일 나이가 되었기 때문이 아닌가 합니다. 어르신들은 대부분 거동이 불편해 휠체어에 의존하고, 사람마다 다르지만 치매 증세를 보이기도 합니다. 그분들과의 동료적 교감과 공감으로 미래의 제 모습을 상상합니다.

'존엄한 노후'라는 말이 회자하고 있습니다. 불교는 일찍부터 인간의 삶을 '생로병사'로 규정해왔습니다. 죽음을 삶의 화두로 삼는다는 말이기도 하겠지요. 죽음으로 삶을 이해하고, 늙음으로 젊음을 해석하는 일은 큰 지혜에 속합니다. 허무를 통해 존재의 의미를 찾으려는 시도도 비슷한 이치겠지요. 그런 점에서 웰빙well-being을 웰다잉well-dying의 관점에서 바라보는 것이 중요하다는 생각입니다. 그래서 '잘 살자'와 '잘 죽자'는 동전의 양면과도 같습니다. 아니, 어쩌면 동전의 어느 면을 먼저 내보이느냐에 따라 삶이 달라질 것입니다. 자연과 벗하며 살아온 시간이 비교적 많았던 저는 여기저기서 죽음을 봐왔습니다. 죽어가는 꽃, 죽어가는 낙엽, 죽어가는 벌레와 곤충, 죽어가는 새. 가끔 시인 윤동주가 '모든 죽어가는 것들을 사랑해야지'라고 읊은 시구가 떠오르기도 했습니다.

존경이란 말이 절로 나오는 박창환 스승님(장신대 학장, 1924-2020)의 장례 예식에 온라인으로 참여하며 그분의 죽음을 통해 삶을 기리게 되는 까닭도 여기에 있는 것 같습니다. 앞모습이나 옆모습보다 뒷모습이 더욱 아름다운 분이셨기에 그렇습니다.

비대면 시대의 대면

너는 기도할 때 네 골방에 들어가 문을 닫고 은밀한 중에 계신 네 아버지께
기도하라. 은밀한 중에 보시는 네 아버지께서 갚으시리라.
마태복음 6:6

코로나 시대는 다른 말로 '비대면의 시대'라고 할 수 있습니다. 바이러스를 옮기는 과정이 모두 대면적 삶에 있기 때문이지요. 사람이 얼굴을 맞대면서 살아가기에 서로 대화를 나누다 보면 입 안의 침이 비말飛沫이 되어 상대의 호흡기로 전달된다는 것입니다. 'COVID-19'이라고 명명된 바이러스가 사람을 숙주로 삼기에 21세기를 살아가는 인류에게 치명적인 전염병이 된 것이 사실입니다. 이런 일이 있기 전까지는 대면이나 비대면 또는 숙주라는 말이 낯선 단어였는데, 이제는 아이들도 자주 사용하는 말이 되었습니다.

정부에서는 방역을 위해 대면 모임을 최소한으로 자제하기를 원하고, 사람들은 예전 습관대로 얼굴을 보며 모이려는 데서 잦은 충돌이 일어납니다. 종교 가운데 기독교, 특히 개신교회가 그 쟁점 한가운데 있는데, 그 이유는 개신교회가 가장 열심히 모여왔기 때문일 겁니다. 새벽기도, 수요예배, 금요철야, 주일예배 등 일주일에 열 번 이상의 모임을 여는 단체는 교회 말고 또 없을 겁니다. 이렇게 자주 모이다가 어느 날 갑자기 모이지 말라고 하니 반발이 심한 것은 당연하겠지요.

그러나 '비대면'이 사람들끼리 외적인 대면을 하지 말라는 것이지 대면 그 자체를 부정하는 것은 아니지요. 이런 때를 하나님과 대면하는 계기로 삼는다면 어떨까요. 하나님보다는 사람을 만나러 가는 교인이 있고, 사람들 앞에서 뽐내려는 교인도 있으며, 사람들을 지배하고 다스리려는 교인도 있기에 하는 말입니다. 하나님을 내면적으로 깊이 만나기에 좋은 장소는 크나큰 예배당이 아니라 오히려 작은 골방 아니겠습니까? 기도하는 골방 말입니다. 교회는 그런 기도의 집이기도 합니다.

작은 나무통을 깎으며

너희 안에 이 마음을 품으라. 곧 그리스도의 마음이니…

빌립보서 2:5

가락재에 공방이 하나 생겼습니다. 손으로 무언가 만들어보았으면 싶어, 마침 컨테이너 별채를 작업실로 꾸몄습니다. 다섯 평 남짓 되는 공간에 탁자와 의자, 공구를 비치하고 첫 작업을 무엇으로 할까 고심했습니다. 주변에서 가장 쉽게 구할 수 있는 재료는 나무입니다. 이삼십 년 전에 심은 나무가 그동안 얼마나 컸는지 이제는 잘라내야 할 때가 되었습니다. 어린 나무가 번듯한 재목감이 되었습니다. 어른 팔뚝만한 참나무를 하나 골랐고, 성탄절을 보낸 지 얼마 되지 않아서인지 문득 '구유'가 떠올랐습니다.

나무의 가로 부분을 쳐내고 밑 부분을 평평하게 한 다음 나무속을 팠습니다. 참나무라 그런지 무척 단단해서 끌을 망치로 때려도 쉽게 깎이지 않았습니다. 하루, 이틀, 이렇게 며칠을 파내니 점차 여물통 모양이 되어갑니다. 그리고 한가운데는 작은 십자가를 끼웠습니다. 예수님의 일생입니다. '나무 구유에서 태어나 나무 십자가에서 숨을 거두신 예수님'의 일대기가 그대로 묻어납니다. 그러고 보니 그동안의 작업은 예수님의 삶과 죽음을 따라가는 일이기도 했습니다. 곧, 영성 수련의 과정이 되었네요, 처음부터 의식한 것은 아니었지만 말입니다.

화순 출신의 영성가 이세종 선생이 제자들에게 성경을 가르치시면서 "파라, 파라, 깊게 파라. 설파면 너 죽는다."라고 하셨다는 말이 생각납니다. '겉나'를 떠나 '속나'를 찾으라는 다석 류영모 선생의 외침도 새록새록 다가옵니다. 나무통을 파면서, 또 나를 깊이 파면서 어느새 나 자신이 예수님을 모시는 작은 그릇이 된 기분입니다. 이 첫 작품이 예수 그리스도의 몸을 담는 성찬 용기로 쓰이면 좋겠습니다.

왜 기도하는가?

예수께서 이 말씀을 하시고 눈을 들어 하늘을 우러러 이르시되, 아버지여
때가 이르렀사오니 아들을 영화롭게 하사 아들로 아버지를 영화롭게 하옵
소서.

요한복음 17:1

그건
아직 다하지 않고 남아있는
생명 때문입니다
슬픔이 다하고
아픔이 다하고
절망이 다해도
아직 다하지 않고 남아있는
생명 때문입니다
왜 기도하는가
그건
아직 다하지 않고 남아있는
죽음 때문입니다
믿음이 다하고
소망이 다하고
사랑이 다해도
아직 다하지 않고 남아있는
죽음 때문입니다
왜 기도하는가
그건
생명이 있고
그리고
죽음이 있기 때문입니다.